Business Knigge für Männer

Lerne den Ton der Gesellschaft anzunehmen,
in der Du Dich befindest!

Adolph Freiherr von Knigge

Business Knigge für Männer

Dirk Pfister

unter Mitarbeit von

Anke Quittschau und Christina Tabernig

Haufe Mediengruppe

Freiburg · Berlin · München

Bibliografische Information der deutschen Bibliothek
Die Deutsche Bibliothek verzeichnet diese Publikation in der Deutschen
Nationalbibliografie; detaillierte bibliografische Daten sind im Internet über
http://dnb.ddb.de abrufbar.

ISBN 3-448-06557-9   Bestell-Nr. 00252-0001
Ab 1.1.07: 978-3-448-06557-2

© 2006, Rudolf Haufe Verlag GmbH & Co. KG, Niederlassung München
Postanschrift: Postfach, 82142 Planegg
Hausanschrift: Fraunhoferstraße 5, 82152 Planegg
Tel.: 089 89517-0, Fax: 089 89517-250
Internet: www.haufe.de
E-Mail: online@haufe.de
Redaktion: Claudia Nöllke
Lektorat: Stephan Kilian, Manuela Hackl

Umschlaggestaltung: Zero Werbeagentur, 80538 München
Satz/Layout: S6-media gmbH, 82166 Gräfelfing
Druck: J.P. Himmer GmbH & Co. KG, 86167 Augsburg

Zur Herstellung der Bücher wird nur alterungsbeständiges Papier verwendet.

Vorwort

Kennen Sie die folgende Situation? Sie sitzen mit einem Geschäftspartner beim Abendessen in einem gehobenen Restaurant, um den lang umkämpften Auftrag zu besiegeln. Ihr Gegenüber hat den Brotkorb bereits geleert, bevor der Wein bestellt ist. Er klemmt sich die Serviette an die Krawattennadel und beginnt die Suppe zu schlürfen. Mit vollem Mund antwortet er zügig auf Ihre Fragen und steckt sich zwischen den Gängen eben schnell eine Zigarette an.

Und genau dies ist der Grund, warum wir dieses Buch geschrieben haben. Viele Männer haben in den letzten Jahren aufgrund ihrer fachlichen Kompetenz die Karriereleiter erklommen. Nun sind sie im Kreis der Manager angekommen und übernehmen eine neue Aufgabe: Die Repräsentation ihres Unternehmens als Führungskraft. Doch beherrschen sie diese „neue Aufgabe" bereits? Hat sie jemand darauf vorbereitet?

Wer auf der Karriereleiter vorankommen möchte, erreicht irgendwann die Stufe, auf der profundes fachliches Können nicht mehr weiterhilft. Gefragt sind vielmehr respektvoller Umgang mit Mitarbeitern und ein sicheres Auftreten.

„Interessiere Dich für andere, wenn Du haben willst, dass andere sich für Dich interessieren. Respektiere Dich selbst, wenn Du willst, dass andere Dich respektieren sollen." sagte Adolph Freiherr von Knigge. Die Umgangsformen haben sich in den letzten Jahrzehnten stark verändert. Viele Fragen tauchen dabei auf. Auf einigen gesellschaftlichen Ebenen werden diese sozialen Spielregeln sehr eng ausgelegt, haben aber im Grundsatz immer ihre Gültigkeit. Dies bedeutet jedoch nicht, dass jeder mit der Hummerzange umgehen können muss. Doch das Beherrschen einiger Regeln, gibt Ihnen die nötige Sicherheit sich auf jedem gesellschaftlichen Parkett und in jeder unvorhersehbaren Situation bewegen zu können.

Vom Arbeitsfrühstück über das Dinner mit Geschäftskunden bis hin zum Golfturnier werden Geschäfte oft abseits der Bürogebäude getätigt. Damit Sie bei diesen Anlässen nicht ins Fettnäpfchen treten, müssen Sie bestimmte Gepflogenheiten beherzigen. Im Vorteil ist, wer dann die Regeln kennt, um sich auf die geschäftlich relevanten Dinge konzentrieren zu können.

Inhalt

Gutes Benehmen fördert Ihre Karriere

Konferenzen, Tagungen, Geschäftsessen, Empfänge, Kundenbesuche, Auslandsaufenthalte – es gibt für einen Geschäftsmann heutzutage eine Menge Anlässe, bei denen er perfekte Umgangsformen braucht. Der Erfolg im Business hängt nämlich nicht allein vom fachlichen Know how ab, sondern auch von der Fähigkeit, angenehm auffallen und einen guten Eindruck hinterlassen zu können. So wird beispielsweise der Unternehmenschef seinen jungen, aufstrebenden Vertriebsleiter nur dann zu einem wichtigen Dinner mitnehmen, wenn er sicher sein kann, dass dieser ein mehrgängiges Essen in einem Drei-Sterne-Restaurant meistert.

Andere Länder – andere Sitten

Der Geschäftsmann von heute muss aber nicht nur wissen, welches Benehmen hier zu Lande gefragt ist. Er sollte sich auch im Ausland souverän bewegen können. Denn mit der Globalisierung nehmen auch die Reisen zu und es ist höchst bedauerlich, einen Auftrag nicht zu bekommen, weil man einem hochrangigen japanischen Geschäftspartner während eines Meetings die Fußsohlen entgegengestreckt oder ihm beim Durchschreiten von Türen ständig den Vortritt genommen hat.

Wie geht man mit Business-Frauen um?

Und schließlich geht es auch darum, im Umgang mit Business-Frauen, die immer häufiger auf der Chef-Etage anzutreffen sind, Benimm zu zeigen. Frauen und Männer sind heute gleichberechtigt. Aber wie ist es, wenn beide auf eine Tür zugehen? Hält der moderne Geschäftsmann die Tür auf? Und hilft er der Frau in den Mantel?
Sie sehen, es gibt rund um das korrekte Benehmen eine Menge zu klären. Wenn Sie sich auch schon öfter gefragt haben, wie Sie auf den ersten Blick Format zeigen, wann Sie Ihre Visitenkarte überreichen, welche Gastgeschenke Sie zu einer Einladung mitbringen, wie Sie jemanden Ihrem Chef vorstellen oder bei einem Geschäftsessen eine gute Figur machen, dann haben Sie mit diesem Buch den richtigen Griff getan.

Sie werden alle Benimm-Themen kennen lernen, die für Sie als Geschäftsmann relevant sind. Wir sagen Ihnen, was zu einem ansprechenden Äußeren gehört und worauf Sie bei der Begrüßung achten müssen. Sie lernen den richtigen „Business Dresscode" für Männer kennen. Wir sagen Ihnen, wie Sie ein guter Small Talker werden und worauf Sie bei der Korrespondenz mit Kunden und Geschäftspartnern Wert legen sollten. Wir bereiten Sie auf Restaurantbesuche mit Kunden vor und erklären Ihnen, wie Sie mit schwierigen Gerichten umgehen. Und immer wieder werden wir Sie auf typische Benimmfallen im Berufsleben aufmerksam machen und erklären, wie Sie diese umgehen.

Um sich in gutem Benehmen zu üben, gibt es am Ende einer Lektion Aufgaben und Fragen. Im hinteren Teil des Buches verraten wir Ihnen dann die Lösungen.

Wir wünschen Ihnen nun viel Spaß bei der Lektüre. Sicher gibt es bald eine Gelegenheit, sich als beeindruckender Gentleman des Geschäftslebens zu erweisen.

Lektion 1:
Gepflegte Männer kommen weiter

Nur wenige Sekunden genügen, um sich von Ihnen ein Bild zu machen. Sind Sie rasiert? Ist Ihr Hemd gebügelt? Riechen Sie nach Zigaretten? Gehen Sie gebückt? Klingen Sie ausgeschlafen? In diesem Kapitel erfahren Sie, worauf Sie in Sachen Outfit, Körperhaltung und Stimme achten sollten, um sympathisch, gepflegt und kompetent, kurzum: überzeugend zu wirken.

Legen Sie Wert auf Äußerlichkeiten

Die Weisheit „Es gibt keine zweite Chance für einen ersten guten Eindruck." kennen Sie sicher. Aber handeln Sie auch danach? Wie wichtig ist Ihnen Ihre Körperpflege und Ihre Kleidung? Haben Sie einen guten Rasierer oder sagen Sie sich, dass ein paar Bartstoppeln schon nicht auffallen werden? Ist Ihr Haarschnitt modern und gepflegt oder finden Sie, dass häufiges Waschen für vorzeitigen Haarausfall verantwortlich ist? Haben Ihre Schuhe eigentlich noch Absätze? Haben Ihre Pullis dicke Fusseln?

Wenn Sie zu den Männern gehören, die der Ansicht sind, dass es auf den Inhalt und nicht auf die Verpackung ankommt, dann ist das sehr löblich. Aber im Job, wo Sie sich tagtäglich unter Beweis stellen müssen, könnten Sie mit dieser Denkweise den Kürzeren ziehen. Wussten Sie, dass sich andere Menschen innerhalb von ein bis acht Sekunden einen ersten Eindruck von Ihnen verschaffen und dieser in entscheidenden Situationen Ihres Lebens über Ihre Chancen bestimmen kann? Es wäre schade, wenn Sie mit Ihren Fähigkeiten nicht zum Zuge kämen, weil Sie keine Lust zum Hemdenbügeln haben. Zu den Situationen, in denen sehr viel von Ihrem Erscheinungsbild abhängt, gehören:

● eine Präsentation
● ein Verkaufsgespräch
● der Auftritt vor einer Prüfungskommission
● das Vorstellungsgespräch
● der erste Tag am neuen Arbeitsplatz

- das erste Treffen mit Ihren künftigen Schwiegereltern
- wichtige Einladungen
- Zusammenkünfte im Familien- und Freundeskreis
- die erste Begegnung mit möglichen Geschäftspartnern

So setzt sich der erste Eindruck zusammen

Der erste Eindruck setzt sich aus verschiedenen Faktoren zusammen.
Einige sind mehr, die anderen weniger beeinflussbar. Hierzu gehören:

- **Ihre äußere Erscheinung**

Darunter verstehen wir z.B. Kleidung, Frisur, Accessoires und Farben.

- **Ihr Auftreten**

Ausstrahlung, Mimik, Gang, Haltung, Gestik, Ihre Augen sowie Ihre
Freundlichkeit.

- **Ihre ersten Worte**

Ihr Gruß, Ihre Stimme, Lautstärke, Sprachmelodie, Deutlichkeit im
Ausdruck, die ersten Sätze.

Und hier sind die weniger beeinflussbaren Eigenschaften:

- **Der Duft Ihres Körpers**

Sie kennen sicherlich den Spruch „Ich kann den nicht riechen". Sie
sehen also, wie wichtig dieses unbewusste Signal für den ersten Eindruck bzw. für einen bleibenden Eindruck ist. Aftershaves, Seifen und
Pflegemittel sorgen für einen angenehmen Duft. Zuviel davon wirkt
allerdings unangenehm.

- **Die Berührung, der Hautkontakt**

Hierzu zählt das Gefühl, das der erste Händedruck auslöst. Haben Sie
feuchte oder trockene Hände? Sind sie kalt oder warm?

In einer neuen Umgebung mit uns unbekannten Menschen wissen
wir oft nicht, wie wir uns verhalten sollen. Das altbekannte „Under-
statement" ist in einer solchen Situation immer zu empfehlen. Halten Sie sich taktvoll zurück, beobachten Sie und hören Sie zu. Seien

Sie freundlich und interessiert an dem, was andere sagen. Ihre eigene Person und die damit verbundenen Stärken und Werte werden Sie noch früh genug unter Beweis stellen können.

Format zeigen im Vorstellungsgespräch

Wer zu einem persönlichen Gespräch eingeladen wird, hat die erste große Hürde schon genommen. Die schriftliche Bewerbung hat dem Personalchef gefallen, jetzt müssen Sie zeigen, was in Ihnen steckt. Die Firmenbroschüre haben Sie sich vorab besorgt und aktuelle Informationen über das Unternehmen im Internet recherchiert. Gut vorbereitet sind Sie also. Der erste Eindruck, den Personalchef oder Unternehmer jetzt von Ihnen bekommen, ist entscheidend. Es zählen Persönlichkeit und Erscheinungsbild.
Bei einem Einstellungsgespräch – übrigens eine der teuersten Entscheidungen, die ein Manager treffen kann – dominiert das Gefühl. Ein erfahrener Personalchef erkennt, ob sich ein Kandidat authentisch präsentiert oder nur eine Rolle spielt.

Passen Sie Ihren Kleidungsstil ans Unternehmen an

An ordentlicher Kleidung führt kein Weg vorbei – egal ob Sie sich als Bankangestellter oder Programmierer bewerben. Sie sollten sich aber darin wohl fühlen, sonst wirken Sie unsicher. Wenn Sie die Gelegenheit haben, vorab herauszufinden, wie der Kleidungsstil im Unternehmen ist, um so besser. Kleiden Sie sich dann ein wenig über diesem Standard. Grundsätzlich gilt: Eher konservativer als zu leger anziehen.

Entscheiden Sie sich für einen Anzug in den klassischen Businessfarben Blau, Grau oder Braun. Dunkelblau wirkt vertrauenerweckend und korrekt, allerdings nicht sehr kreativ. Sollten Sie ein Bewerbungsgespräch haben, wirkt Dunkelgrau am neutralsten, Sie setzen sich damit aber wenig in Szene.

Bitte achten Sie darauf, keine Überdosis Aftershave zu benutzen. Sie sollen Ihren künftigen Chef nicht betäuben, sondern lediglich ein gepflegtes Äußeres (sowohl in Kleidung als auch Geruch) abgeben.

Gehen Sie auch sparsam mit Schmuck und Accessoires um. Hier gilt die Stilregel: Männern sind maximal zwei Ringe und eine Armbanduhr zu empfehlen. Wenn Sie eine Halskette tragen, dann bitte nicht sichtbar unter dem Hemd. Auch die Sonnenbrille in den Haaren wirkt eher stillos als lässig.

Eine sehr wichtige Regel lautet: Seien Sie pünktlich! Schauen Sie den Menschen, denen Sie die Hand geben, im europäischen Raum immer in die Augen. Ihr Händedruck sollte dabei nicht zu fest, aber auch nicht zu locker und auf keinen Fall feucht sein. Wenn Ihnen die Anspannung feuchte Hände bereitet, trocknen Sie diese vorher unauffällig ab. Dafür sollten Sie in der Hosentasche stets ein sauberes Taschentuch mit sich tragen.

Spielen Sie niemals den coolen Erfolgstypen

Beobachten Sie Ihre Körpersprache vor dem Gespräch im Spiegel und fragen Sie Freunde um deren Meinung. Achten Sie im Vorstellungsgespräch auf Ihren Körper. Glauben Sie nicht, dass Sie den lässigen Erfolgsmenschen spielen müssen, den Sie neulich im Fernsehen gesehen haben. Generell sollten Sie einfach Sie selbst sein, nur das ist authentisch und sympathisch.

Positiv wirkt, wenn Sie sich entspannt hinsetzen, Blickkontakt halten und den Gesprächspartner ausreden lassen. Negativ fallen Sie auf, wenn Sie Kaugummi kauend mit verschränkten Armen den Personalchef ernst anschauen oder ihn permanent unterbrechen. Stellen Sie beide Füße fest auf den Boden – so wirken Sie überzeugender.

Gestalten Sie das Gespräch. Wer fragt, der führt, heißt eine bekannte Regel. Mit offenen Fragen (alle Fragen, auf die man nicht mit Ja oder Nein antworten kann) erhalten Sie die meisten Informationen. Gehen Sie auf die Antworten Ihres Gegenübers ein. Die Faustregel lautet: 70% reden und 30% hören. Aber betreiben Sie kein „overselling", dies könnte genau das Gegenteil bewirken. Antworten Sie überlegt.

Fassen wir noch einmal zusammen. Ihre Persönlichkeit und Erscheinung entscheiden: Passen Sie zur Firma, zum Job und den anderen Mitarbeitern? Sie können fachlich bestens qualifiziert sein oder einen überdurchschnittlichen Studienabschluss haben, wenn Sie sich nicht überzeugend darstellen können, ist das Bewerbungsgespräch die Endstation.

Ob Job-Einsteiger oder erfahrener Manager, eine Grundausbildung in „modernen Umgangsformen" gibt Ihnen die nötige Sicherheit für die Bewerbungssituation.

Die Stimme soll kräftig klingen

„Mit einer trainierten Stimme kann man sich stärker durchsetzen, Kompetenz ausstrahlen und sein Auftreten beeinflussen. Das hilft, berufliche und betriebliche Ziele zu erreichen." (Studie: www.stimme.at 2004)

Die Stimme ist unser wichtigstes Kommunikationsmittel. Wer eine angenehme Stimme hat und gut artikuliert, dem hört man gerne zu. Wenn Ihre Stimme schrill und hoch, zu leise oder heiser klingt, wenn Sie ohne Punkt und Komma reden, verlieren die Zuhörer sehr schnell das Interesse, auch wenn das, was Sie sagen, noch so interessant ist.

In der Face-to-Face-Situation spielen Stimme und Tonfall eine große Rolle. Wir hören weniger auf den Inhalt des Gesagten als auf die Art, wie es gesagt wird. Gleichzeitig übertragen sich Atemrhythmus und Stimmlippenbewegung vom Sprecher auf den Hörer. Dieser spricht mit fünf Millisekunden Verzögerung innerlich mit und erinnert sich so an das Gesagte. Das Phänomen des Mitsprechens können Sie auch gut an kleinen Kindern beobachten, die gerade Sprechen lernen. Als Zuhörer speichern Sie auch, ob die Sprechweise angenehm oder unangenehm war.

Jeder Schauspieler, Sportler oder Sänger macht sich vor seinem Auftritt warm. Nur Geschäftsleute, die einen Vortrag oder eine Präsentation halten, gehen meistens „kalt" auf die Bühne. Warum eigentlich? Hängt hier etwa nichts von ihrem Auftritt ab?

Die Stimme ist bei vielen Menschen nicht belastbar. Längeres Reden strengt an und der Hals wird trocken. Solche Stimmprobleme rühren meist daher, dass die Luft nur durch den Mund eingesogen wird. Das reizt Kehle und Hals.

So bekommen Sie eine tolle Stimme

Vermeiden Sie Nikotin, Alkohol, Ozon und trockene Heizungs- oder Klimaanlagenluft. Bei Vorträgen und Reden sollten Sie immer ein Wasserglas bereit stehen haben, so dass Ihre Kehle nicht austrocknet und die Schleimhäute benetzt bleiben.

Um in einem Vortragsraum auch die Personen in der letzten Reihe erreichen zu können, müssen Sie Ihre Stimme von der ausgeatmeten Luft tragen lassen. Suchen Sie sich Bezugspersonen im Publikum, zu denen Sie sprechen. Achten Sie darauf, dass Ihre Stimme bis zu den letzten Reihen vordringt.

> **Tipp:** Atmen Sie immer in den Bauch, nicht in die Brust ein. So können Sie den Druck halten, den Sie für eine klare und laute Aussprache benötigen. Achten Sie auch auf eine deutliche Artikulation. Für ein Wort müssen bis zu 100 Muskeln angespannt werden. Das altbekannte Training mit dem Korken zwischen den Zähnen hilft, eine deutliche Artikulation einzuüben. Machen Sie Ihre Stimme vor jedem Auftritt warm. Reden Sie laut mit sich oder sagen Sie Sätze aus Ihrem Vortrag. Es ist fast unmöglich, eine Rede zu halten, ohne vorher ein Wort gesprochen zu haben.

Durch den Einsatz einer geschulten Stimme erlangen Sie mehr Selbstsicherheit, ein überzeugenderes Auftreten und strahlen mehr Kompetenz aus.

Übung 1:
Welche Punkte sollten Sie beachten, wenn Sie zu einem Vorstellungsgespräch eingeladen sind?

_____

Übung 2:
Nennen Sie vier Situationen, in denen Sie einen ersten Eindruck hinterlassen.

_____

Übung 3:
Wie können Sie Ihre Stimme trainieren und aufwärmen?

_____

Lektion 2: Begrüßung und Anrede

Der Geschäftsmann mit perfekten Umgangsformen lässt sich schon daran erkennen, wie er andere begrüßt oder miteinander bekannt macht. Gerade beim Bekanntmachen werden viele Fehler begangen. Da wird der Chef dem Mitarbeiter vorgestellt oder die Abteilungsleiterin der Auszubildenden. Lesen Sie dieses Kapitel, in dem wir Ihnen das richtige Begrüßungszeremoniell vorstellen, aber auch Ihre Merkfähigkeit für Namen erhöhen und sagen, was einen guten Händedruck ausmacht.

Wer grüßt wen zuerst?

Grundsätzlich grüßt der zuerst, der einen Raum betritt. Dies gilt sowohl im täglichen Leben als auch im Geschäftsleben. Im Berufsleben grüßt der Rangniedere den Ranghöheren, wenn sie sich z.B. auf dem Flur treffen. Achten Sie darauf, dass Sie einen Gruß mit möglichst den gleichen Worten erwidern. Es klingt eher belehrend, wenn Sie auf ein süddeutsches „Grüß Gott" mit „Guten Tag" antworten oder auf ein „Guten Morgen" mit „Guten Tag" reagieren, nur weil es bereits nach 11:00 Uhr ist.
Sollte Ihr Gegenüber Sie standesgemäß als Erstes grüßen, tut es aber nicht, warten Sie nicht auf ihn. Grüßen ist im Zweifelsfall immer besser als Nichtgrüßen.

„Mahlzeit!" ist out

Der Gruß „Mahlzeit" hat nichts in unserer heutigen Geschäftswelt zu suchen. Mahlzeit ist eine Abkürzung für „Gesegnete Mahlzeit" und gehört nicht in die Kategorie Tagesgruß. Es gibt auch kaum eine sinnvolle Antwort auf diesen Gruß, außer einem „Danke, Ihnen auch". Dieser Ausdruck passt also höchstens in die Kantine, aber nicht ins Büro. Die Autorin Christina Tabernig hat während ihrer Lehrzeit den Kommentar zu hören bekommen: „Sie hält sich wohl für was Besseres ...", da sie diesen Gruß nicht erwiderte, sondern nur nickte und Danke sagte.

Sollten Sie auf alle Meinungen Wert legen, können Sie natürlich den Gruß erwidern.

Tipp: Achten Sie immer auf den Rang Ihres Gegenübers! Ein Angestellter sollte darauf warten, dass ihm nach seiner verbalen Begrüßung die Hand vom Vorgesetzten entgegengestreckt wird. Genauso sollte ein Bewerber, der den Raum betritt, „Guten Tag" sagen, aber abwarten, ob sein potenzieller zukünftiger Vorgesetzter ihm die Hand gibt. Das Reichen der Hand entspricht einer Aufforderung zum Gespräch. Haben Sie keine Zeit, ein Gespräch zu führen, und treffen einen Kollegen auf dem Gang, den Sie seit Wochen nicht gesehen haben, lassen Sie ihn vorbeiziehen mit den Worten: „Wir sprechen uns später – ich bin leider in Eile." Die Hand zu reichen, ohne ein paar Worte zu sagen, gilt als unhöflich.

Hände drücken ist Arbeit

Ein Geschäftsführer empfing einen Berater als Gast in seinem Unternehmen. Als dieser ihm die Hand reichen wollte (was hier als Gast durchaus seine „Aufgabe" war), entgegnete der Geschäftsführer: Ich gebe Ihnen nicht die Hand, sonst müsste ich ja am Tag hunderte von Händen drücken ...". Ob diese doch so ehrliche Aussage freundlich und beziehungsförderlich war, sei dahingestellt. Grundsätzlich sollten Sie einen Händedruck immer erwidern.

Übung 4:
Sie haben dem Ranghöheren zuerst die Hand gereicht und er zögert. Wie verhalten Sie sich am besten?

Übung 5:
Man reicht Ihnen die Hand, doch der Händedruck fühlt sich lasch an. Wie reagieren Sie?

Übung 6:
Beobachten Sie an einem normalen Geschäftstag, wann und in welchen Situation sich Personen grüßen und notieren Sie diese.

Der Händedruck – kein Kraftakt

Ein Händedruck braucht Gefühl. Manche Männer zeigen – zumindest beim Hände drücken – nicht sehr viel davon. Sie praktizieren die Nussknacker-Methode: drücken, bis es knackt. Wenn Sie im Gesicht Ihres Gegenübers eine Spur von Schmerz erkennen, ist es also höchste Zeit, Ihren Händedruck zu korrigieren.

Lasch sollten Sie Hände natürlich auch nicht drücken. Stellen Sie sich vor, jemand gibt Ihnen eine Hand, die kalt und feucht ist und sich so glitschig anfühlt, dass Sie meinen, einen toten Fisch in die Hand gelegt bekommen zu haben. Was halten Sie jetzt von Ihrem Gegenüber? Der Händedruck ist der gefühlte erste Eindruck. Ein Händedruck demonstriert Vertrauen. Dieses Entgegenbringen von Vertrauen sollte in einer bestimmten Form dargeboten werden.

Tipp: Ein Händedruck sollte nicht zu soft, aber auch nicht zu hart sein. Vermeiden Sie:

- Tätscheleien, d.h. mit der linken Hand den Rücken oder die Schulter tätscheln
- Doppelhandgriff
- Gummihand oder Schraubzwinge
- Eine Hand in der Hosentasche

FALSCH:

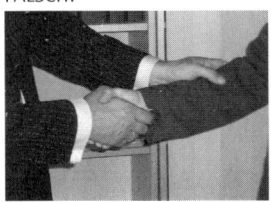  

Tätschelei   Doppelhandhandgriff   Schraubzwinge

Achten Sie auch auf die Dauer des Händedrucks. Nichts ist unangenehmer als jemand, der Ihre Hand nicht mehr loslässt. Ein bis zwei Sekunden ist die optimale Dauer. Hände werden einander gereicht, nicht geschüttelt.

Wenn Sie merken, dass Sie feuchte Hände haben, versuchen Sie die rechte Hand unauffällig zu trocknen, z.B in dem Sie so tun, als würden Sie einen kleinen Fussel auf Ihrem Anzug entfernen. Achten Sie darauf, dass Sie nicht eine Hand in der Hosentasche haben, wenn Sie jemandem die andere Hand geben.

Jeder bekommt Ihre Hand!

Wenn Sie einer Person in einer kleineren Gruppe die Hand zur Begrüßung gereicht haben, bleiben Sie dabei und geben Sie jedem dieser Runde Ihre Hand. Es könnte sich sonst jemand zurückgesetzt fühlen.
In größeren Runden begrüßen Sie denjenigen zuerst, der Sie eingeladen hat. Jetzt ist es an ihm, Sie den anderen Teilnehmern vorzustellen.
Es gibt Situationen, in denen die Gruppe so groß ist, dass ein Händegeben zu zeitaufwändig wird. Hier ist oft ein begrüßendes Zunicken ausreichend.

Wie halten es die Ausländer mit dem Handschlag?

In England gibt man sich außer bei der ersten Vorstellung selten die Hand. Es gilt der Leitspruch „Don't touch personal things". Auch in den USA wahrt man größere körperliche Distanz als in Deutschland. Eine Begrüßung mit Handschlag ist dort eher unüblich.

Küssen verboten!

Auch wenn manche Männer Ihre Sekretärinnen oder Kundinnen vielleicht gerne küssen würden – die Begrüßung mit Küsschen ist im deutschen Geschäftsleben tabu. Dasselbe gilt in Italien, Frankreich und der Schweiz. Allein im Privatleben tauscht man hier Bussis aus. In Italien ist eventuell zu erleben, dass bei Weihnachtsfeiern Küsse unter guten Freunden ausgetauscht werden. Aber niemals beim ersten Treffen. Angefangen wird hierbei auf der rechten Wange und eine leichte Berührung ist dabei nicht unschicklich. Berührung beim Begrüßungsküsschen ist in Frankreich übrigens nicht erwünscht. In Spanien praktizieren die Männer die etwas abgeschwächte Form einer Umarmung.

In Russland werden seltener Hände geschüttelt als im Westen, besonders bei der Begrüßung von Frauen. Es gilt das ungeschriebene Gesetz, dass weder ein Jüngerer einem Älteren, noch ein Mann einer

Frau von sich aus die Hand entgegenstrecken soll. Will eine Frau mit Händedruck begrüßen oder begrüßt werden, muss sie die Initiative ergreifen. Der zum westlichen Klischee über die Russen gehörende „Bruderkuss" ist im Kontakt mit Ausländern nur bei lange dauernden und besonders guten Beziehungen, wie bei Gorbatschow und Kohl, üblich.

In den baltischen Ländern ist im geschäftlichen Umfeld ein Handschlag zur Begrüßung üblich. Weitere Berührungen werden als Eindringen in die persönliche Distanzzone empfunden. Üben Sie Zurückhaltung im gesamten Auftreten, man gibt sich eher skandinavisch kühl.

Immer in die Augen schauen

Zu Ritterszeiten wurden die Visiere hochgeklappt, um zu zeigen, dass man in friedlicher Absicht kommt. Also gilt: Sehen Sie Ihr Gegenüber an.

RICHTIG: Blickkontakt beim Händedruck aufnehmen

Nehmen Sie auch Ihre Sonnenbrille ab, wenn Sie jemanden begrüßen. Während eines Händedrucks wirkt es übrigens sehr unfreundlich, sein Gegenüber nicht anzusehen und ein Gespräch mit einem Dritten weiterzuführen.

FALSCH: Während des Händeschüttelns abwenden

Tipp: Schauen Sie Frauen immer nur ins Gesicht, wenn Sie sich verabschieden. Nutzen Sie diese Situation niemals aus, um abschließend ihre Oberweite mit den Augen abzutasten. Es gehört sich nicht und bei der Dame sind Sie sofort als Lüstling abgestempelt.

Sollten Sie im Winter einem Bekannten auf der Straße die Hand geben, ziehen Sie Ihren rechten Handschuh aus, falls er keine Handschuhe trägt. Haben beide Handschuhe an, brauchen Sie diese nicht auszuziehen, um sich die Hand zu geben.

Die Verabschiedung geht vom Ranghöheren aus. Wenn Sie Gast sind, verabschieden Sie sich vom Gastgeber. Die Verabschiedung beinhaltet das gesprochene „Auf Wiedersehen" sowie den Handschlag zum Abschied. Auch hier gilt die gleiche Regel wie bei der Begrüßung.

Sich vorstellen und untereinander bekannt machen

Was das Vorstellen und Bekanntmachen betrifft, so gibt es grundlegende Unterschiede zwischen den privaten und den geschäftlichen Gepflogenheiten. Im Berufsleben sprechen wir vom Vorstellen, im privaten Bereich vom Bekanntmachen.

Wer stellt wen vor?

Grundsätzlich gilt: Die wichtigere Person sollte als Erste erfahren, um wen es sich handelt. Wer ist nun die wichtigere Person? Im Berufsleben ist es der Ranghöhere, der Kunde, der Gast etc. Im Privatleben zählen die/der Ältere und die Dame zu den wichtigeren Personen.

Tipp: Altertümlich-galante Floskeln wie „Verehrteste, darf ich vorstellen …?" oder „Wenn Sie gestatten …" sagten wohlerzogene Männer in früheren Zeiten. Verzichten Sie darauf, wenn Sie sich nicht lächerlich machen wollen.

Nicht nur im Beruf, sondern auch im Privatleben ist es eine höfliche Geste, einem ausländischen Gast einen Inländer vorzustellen. Dies bedeutet auch im Sinne alter Vorstellungsriten, dass der Ausländer „höher gestellt" ist. Aus dem gleichen Grund können sich auch Kunden geehrt fühlen, wenn ihnen der Chef vorgestellt wird.
Eine einzelne, neu hinzukommende Person sollte einer Gruppe bekannt gemacht werden, das gilt für Privat- und Berufsleben gleichermaßen.
Sobald Sie sich in einer geschäftlichen Situation befinden – und hierzu gehört auch das Geschäftsessen oder die Weihnachtsfeier mit Begleitung – wenden Sie die geschäftlichen Vorstellungsregeln an. Hierzu zählt auch, dass die Begleitung dann Ihre Geschäftsposition übernimmt. Treffen Sie also auf Ihren Chef mit Partnerin, sollte Ihr Chef zuerst erfahren, wer die ihm unbekannte Person (Ihr/e Partner/in) ist. Anschließend wird er Sie und Ihren Partner seiner Frau vorstellen.

Korrekte Vorstellung

Sie stehen im Flur mit einer Praktikantin und der Chef (Dr. Müller) kommt vorbei. Nach der verbalen Begrüßung stellen Sie dem Vorgesetzten die Praktikantin vor: „Herr Dr. Müller, ich möchte Ihnen unsere neue Praktikantin Frau Schmidt vorstellen. Frau Schmidt, unser Geschäftsführer Herr Dr. Müller."

Begrüßung am Tisch

Im Berufsleben gilt heute die Regel, dass alle Sitzenden aufstehen und die Personen begrüßen, die an den Tisch kommen. Sie brauchen so bei der Begrüßung nicht zu ihrem Gegenüber aufzublicken. Bieten Sie den dazukommenden Personen einen Sitzplatz an.

Die Selbstvorstellung

Die Selbstvorstellung erfolgt in den ersten Sekunden einer Begegnung und bestimmt daher den ersten Eindruck maßgeblich. Sie sollten diesem Moment also große Beachtung schenken, damit Sie von Anfang an sympathisch auf andere wirken.

Gehen Sie auf die einzelnen Personen zu und nennen Sie jeweils Ihren Namen. Schwierige Namen sollten Sie am besten zwei Mal nennen: „Mein Name ist Bretschlev, Harald Bretschlev." Sollten Sie sich in einer Gruppe vorstellen, nennen Sie Ihren Namen jeder einzelnen Person. Gehen Sie nicht davon aus, dass alle Ihren Namen gehört haben, wenn Sie ihn dem Ersten genannt haben.

Eine Selbstvorstellung ist oft eine Gesprächseröffnung. Nennen Sie hier keine akademischen Grade oder Adelstitel. Vermeiden Sie auch Herr oder Frau zur Namensnennung zu sagen, sondern einfach:

● „Ich bin Vorname Name."
● „Ich heiße Vorname Name."
● „Mein Name ist Vorname Name."

Erwidern Sie eine Selbstvorstellung nicht mit „Angenehm" oder „Sehr erfreut", sondern einfach mit der eigenen Vorstellung und dem Tagesgruß. Zusätze wie „Schön, dass wir uns nun endlich persönlich kennen lernen ..." sind durchaus angebracht.

Übung 7:
Stehen Sie als Vorgesetzter immer zur persönlichen Begrüßung auf, wenn Mitarbeiter Ihr Büro betreten?

Übung 8:
Sie kommen in einen Meetingraum, in dem bereits einige Personen stehen. Wie begrüßen Sie eine Gruppe, die Sie noch nicht kennen?

Übung 9
Wie stelle ich mich in einer Runde am besten vor?

Übung 10:
Wem gebe ich in einer Gruppe die Hand und wem nicht?

Visitenkarten richtig einsetzen

Visitenkarten waren schon in der viktorianischen Zeit bekannt. Damals gab der Besucher dem Butler die Karte, welche auf einem Silbertablett zum Gastgeber getragen wurde. So konnte der Diener den Gast ohne Probleme mit korrekter Namensnennung bei seinen Herrschaften anmelden und gab die Karte anschließend dem Gast zurück.

Tipp: Visitenkarten sind nicht dazu da, Eitelkeiten zu pflegen. Wenn Sie Einfluss auf den Text Ihrer Karte haben, dann verzichten Sie auf hochtrabende Funktionsbezeichnungen, die womöglich noch vollkommen unverständlich sind.

Wann übergeben Sie Ihre Visitenkarte?

Bei einem Geschäftsbesuch geben Sie am besten Ihre Visitenkarte zunächst am Empfang ab. Das vereinfacht die Anmeldung und das Ausfüllen von Besucherausweisen. Nach diesem Prozedere bekommen Sie die Karte zurück. Sie können sie dann später der Person übergeben, die Sie abholt.

Visitenkarten werden auch heute noch zu Beginn eines Besuchs oder Gesprächs ausgetauscht. Geben Sie als Gast Ihre Karte zuerst. Erst danach ist die gastgebende Person dran. Blicken Sie sich beim Überreichen der Karte gegenseitig an. Es gilt als unhöflich, eine Visitenkarte ungelesen wegzustecken.

In Gruppen erhält zuerst die oder der Ranghöchste die Visitenkarte. Ist eine Hierarchie nicht erkennbar, verteilen Sie die Visitenkarten der Reihe nach.

Tipp: Bei einem Erstmeeting mit vier oder mehr Personen legen Sie die Visitenkarten in der Reihenfolge vor sich hin, wie die Damen und Herren sitzen. Sie vereinfachen sich die Zuordnung der Namen zu den Gesichtern.

Gibt es eine Gruppe von über 15 Teilnehmern, lassen Sie Ihre Karte stecken und geben nur den Personen eine Visitenkarte, die für Ihre geschäftliche Beziehung wichtig sind.

Tipp: Bewahren Sie die Visitenkarten in einer dafür vorgesehenen Visitenkartenschachtel auf. So bleiben Ihre Visitenkarten in einer ansprechenden Form.

Wie geht man im Ausland mit Visitenkarten um?

In Japan wird eine Visitenkarte etwas anders übergeben als in Deutschland oder anderen westlichen Ländern. Hier wird die Karte mit beiden Händen überreicht und dabei eine leichte Verbeugung gemacht. Sie müssen auf jeden Fall die empfangene Karte lesen und erst dann darf sie weggesteckt werden.

Sollten Sie in China geschäftlich oder privat unterwegs sein, werden Sie feststellen, dass Visitenkarten weitaus öfter ausgetauscht werden als bei uns. Visitenkarten auch in Englisch zu drucken, ist gerade in China durchaus von Vorteil. Hier kann die Visitenkarte auch ruhig einen ausgefallenen englischen Titel beinhalten. Chinesen sind davon meist sehr angetan.

Übung 11:
Wann übergeben Sie Ihre Visitenkarte bei einem Business-Termin?

Übung 12:
Was machen Sie mit der gerade erhaltenen Visitenkarte eines Geschäftspartners?

Übung 13:
Wer erhält Ihre Visitenkarte in einer Gruppe von mehreren Geschäftspartnern zuerst?

Übung 14:
Wie stellen Sie sich bei einem Kundentermin der Dame am Empfang vor?

Respekt zollen mit der korrekten Anrede

Wir beschäftigen uns in diesem Kapitel mit der mündlichen Anrede. Die schriftliche Anrede wird im Kapitel Korrespondenz behandelt. Die korrekte Anrede besteht aus Herr/Frau Nachname. Nennen Sie Ihr Gegenüber immer beim vollen Namen, also auch Doppelnamen aussprechen. Vergessen Sie nicht akademische Grade oder Adelstitel.

Titeltreu in Österreich

Der österreichische Kommentator Edi Finger 1978 bei der Fußball-Weltmeisterschaft zum Sieg der Österreicher über Deutschland: „I wear narrisch. Krankl schießt ein 3:2 für Österreich! Meine Damen und Herren, wir fallen uns um den Hals, wir liegen uns in den Armen, der Kollege Riepl, der Diplomingenieur Posch, wir busseln uns ab …" Wie oft gehört und selbst erlebt, wird in Österreich großer Wert auf die korrekte Anrede gelegt. Hierbei werden Personen z.B. mit „Herr Oberstudienrat" oder „Frau Magistra" angesprochen. Ein einfache „Frau Schmidt" würde hier nicht ausreichen. Aber: Der Frau den Titel des Mannes zu geben ist nicht mehr üblich in Österreich. Frauen werden heute mit ihrem eigenen Titel angesprochen.

Akademische Grade

Es wird immer nur der höchste Titel genannt, z.B „Guten Tag Herr Professor Lüdenscheidt", also nicht „Herr Professor Dr. Lüdenscheidt". Wenn Sie Professoren generell mit ihrem Professorentitel ansprechen, machen Sie nichts falsch. Auch dann nicht, wenn es sich um einen Professor handelt, dem dieser Titel ehrenhalber verliehen wurde. Bekanntlich wird hier keine Promotion vorausgesetzt. Es wäre also recht peinlich, wenn Sie eine solche Person mit dem Doktortitel anreden würden. Promovierte Akademiker unter sich sprechen sich nicht mit Doktor an.

In den skandinavischen Ländern wird sehr viel Wert auf den hierarchischen Status in Unternehmen gelegt. Sie sollten Ihren Geschäftspartner deshalb mit seinem Titel (z.B. „Herr Direktor") ansprechen.

Wie redet man Diplomaten an?

Botschafter sind die hochrangigsten Vertreter ihrer Länder im Ausland und werden als Exzellenz angesprochen. Kommt ein deutscher Botschafter allerdings nach Deutschland, gilt diese Anrede nicht mehr, sie gilt nur im Ausland. Dann sind die Anreden „Herr Bot-schafter" oder „Frau Botschafterin" korrekt. Andere Mitarbeiter von Botschaften bekommen den Titel der Exzellenz nicht, sondern wer-den mit ihrem Namen angesprochen. Weitere Anreden Diplomatie sind z.B. „Herr Generalkonsul", „Herr Konsul" oder auch „Frau Ge-sandte".

Und wie steht es mit Vertretern der Kirche?

Exzellenz ist auch die richtige Anrede für einen katholischen Bischof. Wenngleich Exzellenz heute etwas veraltet ist, findet man die Anre-de noch im offiziellen Schriftverkehr. Einen evangelischen Bischof spricht man mit „Herr Bischof" an. Weitere kirchliche Würdenträger sind Kardinale, die mit Eminenz angesprochen werden. Andere kirch-liche Anreden sind z.B. „Herr Pastor" oder „Herr Vikar".

In der katholischen Kirche gibt es Priester, in der evangelischen Pasto-ren. Die Rangordnung der kirchlichen Würdenträger ist wie folgt:

- Papst
- Kardinal
- Bischof
- Pastor/Priester
- Vikar/Diakon

Kleine Adelskunde

Der Adel [althochdeutsch: adal »Geschlecht«, »Abstammung«] ist ein ehemals durch Abstammung und Besitz bevorrechteter Stand. Seit dem 14. Jh. wurde der Adel unter anderem durch kaiserlichen Adels-Brief verliehen. Die Adels-Vorrechte wurden im 19. Jh. beseitigt. Seit 1919 werden die Adels-Titel

- Herzog
- Fürst (Durchlaucht)
- Graf
- Freiherr oder Baron
- Ritter
- Edler
- und das bloße »von«

nicht mehr verliehen; sie sind in Deutschland nur noch Teil des Namens.

Namen, die Adelstitel beinhalten, werden mitgenannt. Hier sollten Sie aber Folgendes beachten. Sie sagen:

- „Guten Tag, Herr von Münchhausen.", aber
- „Guten Tag, Baron Münchhausen."

Sobald ein Baron oder Graf vor Ihnen steht, lassen Sie das Frau/Herr weg. „Herr Baron" sagten früher nur die Angestellten und drückten damit ihre Untertänigkeit aus.

Bei der Anrede eines Freiherrn fällt die Bezeichnung Freiherr weg. Adelige lassen meistens die Titel wegfallen und stellen sich dann nur als „Münchhausen" vor. Sie dürfen aber bei der Anrede den Adelstitel erst weglassen, wenn er Ihnen erlassen wird. Gleiches gilt auch für den akademischen Grad.

Tipp: Da Sie aufgrund der Selbstvorstellung eines Adeligen oder Titelträgers nicht wissen, dass er einen Namenszusatz hat, sollten Sie beim Überreichen seiner Visitenkarte diese genau lesen und spätestens ab diesem Zeitpunkt den Titel mitnennen. Wird Ihnen ein Titelträger von einem Dritten vorgestellt, sollte dieser den Titel auf jeden Fall mitnennen.

Allgemeines zur Anrede

Wenn Sie einmal den Namen einer Person genannt bekommen haben, sollten Sie sich diesen möglichst merken. Fällt Ihnen der Name nicht ein, fragen Sie ruhig direkt noch einmal nach, bevor Sie versuchen, die Namensnennung zu umgehen. Möglich ist hier z.B.:

- „Ich kann mich noch an unser letztes sehr interessantes Gespräch erinnern, aber leider habe ich Ihren Namen vergessen."
- „Jetzt habe ich doch Ihren Namen vergessen. Verraten Sie mir noch einmal, wie Sie heißen?"

Vielleicht gibt es auch die eine oder andere Eselsbrücke, um sich dann den Namen zu merken. Die Person bietet selber eine Brücke wie z.B. „Mein Name ist Mark – wie Pfennig". Oder Sie versuchen zum Namen ein passendes Bild oder Adjektiv zu finden.

Siezen oder duzen?

Zu Zeiten des Frühmittelalters (um 500 n. Chr.) war das „Du" die gängige Anredeform. Erst im 9. Jh. wurde das „Ihr" für hochrangige Personen eingeführt. Bis zum 17. Jh. waren das „Du" und „Ihr" als Anrede gebräuchlich. Das „Du" wurde unter Vertrauten, das „Ihr" als respektvolle Anrede für Fremde benutzt. Im 17. Jh. kam eine weitere Anredeform für höher gestellte Personen hinzu. Die dritte Person „Er" und „Sie" wurden jetzt als Differenzierung von Höhergestellten eingeführt. (Verzeih Sie mir meine Frage …). Diese Anrede hielt sich zwei Jahrhunderte und wurde später oft ins Lächerliche gezogen.

Erst im 19. Jh. kam die bekannte Anrede der dritten Person Plural auf, die schon ähnlich zu Römerzeiten in der 2. Person existierte. Das Plural-Sie verdrängte somit das alte „Ihr". So existierten nur noch zwei Anreden im 19. Jh.: Das „Du" für bekannte Personen und das „Sie" für fremde Personen, was wir heute noch kennen. Ein „Du" an falscher Stelle wurde schnell als Beleidigung aufgefasst.

In Deutschland gibt es heute noch die Unterscheidung zwischen intimem Duzen und distanziertem Siezen. Hingegen ist in fast allen anderen Nationen das Duzen auch für fremde Personen gebräuchlich.

Im heutigen Geschäftsleben breitet sich die Duz-Kultur aus. Wer darf nun aber wem das „Du" anbieten? Es gilt hier die gleiche Regel wie auch beim Händedruck und anderen Situationen im Geschäftsleben.

Ein „Du" darf man ablehnen

Der Ranghöhere darf entscheiden, wem er wann das „Du" anbieten möchte. Zu beachten ist hier, dass Sie ein „Du" gerne ablehnen dürfen. Dies kann der Fall sein, wenn Sie selber das Duzen für unpassend empfinden oder Ihnen Ihr Gesprächspartner unsympathisch ist. Rechnen Sie dann aber auch damit, dass Ihnen in diesem Fall das „Du" nicht wieder angeboten wird.

Es gibt heutzutage eine Mischform, die vielleicht eine gute Alternative zum Duzen ist. Personen werden mit dem Vornamen angesprochen, aber trotzdem gesiezt: „Christina, können Sie mir bitte den Ordner geben?" Dies ist nicht zu verwechseln mit „Frau Meier, kannst du mal …?" Sie zeigen sich so modern und locker, zeigen aber immer noch etwas Distanz und den erwarteten Respekt.

Tipp: In Verhandlungen mit englischsprachigen Partnern könnten sich diese darüber wundern, dass Sie Ihren Vorgesetzten siezen. Klären Sie mit Ihrem Vorgesetzten ab, ob Sie sich für die Dauer der Verhandlung untereinander duzen und ihn/sie mit Vornamen ansprechen wollen. Nach der Besprechung kehren Sie selbstverständlich zum „Sie" zurück.

Im Privatleben gilt heute noch: Der Ältere bietet das „Du" an. Die Regel, dass nur Herren das „Du" anbieten, ist überholt. Auch Frauen entscheiden heute, mit wem sie sich duzen möchten. Für ein „Du" reicht ein Handschlag aus. Verzichten Sie im Berufsleben auf Brüderschaft-Trinken und Kussaustausch. Sollten Sie Jugendliche duzen, fragen Sie, ob sie damit einverstanden sind. Oft vertut man sich heute nämlich mit dem Alter.

Tipp: Sollte Ihr Chef oder Ihre Chefin Ihnen in Trinklaune das „Du" anbieten, überhören Sie es besser. Denken Sie immer daran, dass Ihnen spätestens am nächsten Arbeitstag wieder die „alten" Kollegen und Vorgesetzten gegenübersitzen. Achten Sie jetzt auf einen sachlichen Umgangston. Werden Sie aber erneut darauf hingewiesen, dass Sie sich auf das „Du" geeinigt haben, ist es tatsächlich ernst gemeint und Sie können es selbstverständlich annehmen.

Anrede unter Kollegen

„Frau Meier, kannst Du mal ...?" Wie oft haben wir das schon gehört! Und hat es uns nicht noch lange in den Ohren geklungen? Es gibt Unternehmen, in denen alle Mitarbeiter geduzt werden – vom Pförtner bis zum Geschäftsführer. Es gibt aber auch Unternehmen, die eine strenge Siez-Kultur haben. Ob nun geduzt oder gesiezt wird, ist stark branchenabhängig. So kann man feststellen, dass Unternehmen der IT-, Medien- oder Design-Branche und insbesondere amerikanische Unternehmen in Deutschland eher eine Duz-Kultur pflegen.  Unternehmen, die starke Hierarchien haben wie Banken, Versicherungen und die Automobilindustrie tendieren eher zu einer Siez-Kultur. In beiden Fällen passen Sie sich automatisch den Gegebenheiten an und siezen so lange Ihren Vorgesetzten, bis er Ihnen das „Du" anbietet.

Was ist nun aber, wenn Sie sich mit einem Kollegen duzen und in einem Kundengespräch sind? Hier gilt die Regel, dass Sie Ihren Kollegen bei direkter Ansprache mit Vornamen anreden, wenn Sie aber über ihn sprechen, die dritte Person nutzen. Also: „Frau Meier hat einen Bericht zum Thema Projektmanagement erstellt. Sie wird uns diesen heute präsentieren." Und zu Ihrer Kollegin gewandt sagen Sie: „Jutta, kannst Du uns bitte diese Präsentation vorführen ...?"

Unterbrechen Sie andere nicht

Lassen Sie Ihren Gesprächspartner immer ausreden. Andere nicht ausreden zu lassen ist einer der häufigsten Benimmfehler. Sollte Ihr Gegenüber allerdings einen endlosen Monolog halten, können Sie durch geschickte Zwischenfragen das Gespräch umlenken. Eine Frage wird auch nicht als unhöflich betrachtet, da dies ein Zeichen für aktives Zuhören ist. Sie nehmen Ihren Gesprächspartner ernst. Nutzen Sie auch Denkpausen Ihres Gegenübers. Es gibt Personen, die durch ein langezogenes „Uuund" Zeit zum Überlegen gewinnen wollen. Hier ist eine gute Möglichkeit, einzuhaken. Weitere Informationen hierzu finden Sie im Kapitel „Small Talk".

Übung 15:
Sie stehen mit einem Kunden im Flur und der Geschäftsführer kommt vorbei. Wer wird wem vorgestellt?

Übung 16:
Sind Titel noch zeitgemäß? Wie spreche ich mein Gegenüber korrekt an?

Übung 17:
Sie sind im Meeting mit Kunden und Ihrer Kollegin. Wie sprechen Sie Ihre Kollegin, die Sie normalerweise duzen, vor Kunden an?

Lektion 3:
So benimmt Mann sich im Geschäftsleben

Rücksichtslos, hart und egozentrisch – von Geschäftsmännern dieser Art hören wir in den Medien oft. Vorbilder sehen anders aus. Wie der moderne Geschäftsmann höflich und respektvoll mit seinen Mitmenschen umgeht und sich dabei Freunde macht, erfahren Sie in diesem Kapitel. Und nicht nur das. Sie lesen auch, warum Rang und Funktion im Unternehmen heutzutage für die Umgangsformen wichtiger sind als Geschlechtsunterschiede.

Höflichkeit, Respekt, Offenheit im Umgang mit anderen Menschen und die Fähigkeit, elegant mit den eigenen und fremden Fehlern umzugehen, sind die Basis für ein sicheres Auftreten. Respekt lässt sich in vielerlei Weise ausdrücken, ob es nun das Aufhalten der Tür ist oder das Aufstehen bei Tisch. Müssen Sie auch auf Reisen alle landestypischen Umgangsformen beherrschen? Nein, denn wer zu Hause gute Umgangsformen beherrscht, wird im Ausland nicht negativ auffallen. Ein Basiswissen über landestypisches Gepflogenheiten sollten Sie aber haben und sich entsprechend verhalten.

„No ranks, no titles!" wird zwar in vielen US-Unternehmen gepredigt und die Umgangsformen scheinen eher locker zu sein, dennoch herrscht in den USA ein starkes Hierarchiedenken, was Sie nicht unterschätzen sollten.

Allgemeine Verhaltensregeln

Zu den wichtigsten Verhaltensregeln gehört die Pünktlichkeit. Unpünktlichkeit signalisiert fehlende Wertschätzung, denn man stiehlt anderen etwas Kostbares und Unwiederbringliches: Zeit.
Schon Lessing sagte: „Bester Beweis für gute Erziehung ist die Pünktlichkeit."
Musste jemand auf Sie warten, ist eine Entschuldigung natürlich unverzichtbar. Nennen Sie einen Grund für die Verspätung, denken Sie aber bitte daran, dass die „Im-Stau-gestanden-Geschichte" wenig

imagefördernd ist. Stau sollte bei der Anreise einkalkuliert werden. Am besten Sie entschuldigen sich nur für das Zuspätkommen. Seien Sie souverän.

Wenn ein Zuspätkommen unausweichlich ist, informieren Sie bitte die Beteiligten, bevor Sie zu spät eintrudeln. Am besten informieren Sie einen Kollegen, der sich schon am Meetingort befindet. So springt Ihre Nervosität und Hektik nicht auf die ganze Gruppe über. Wollen Sie sich nur mit einer Person treffen, informieren Sie diese direkt über Ihr Zeitproblem. Jetzt kann Ihr Geschäftspartner oder seine Assistentin die Zeit bis zu Ihrem Kommen noch sinnvoll nutzen.

Wenn Sie Gäste in Ihrem Unternehmen vom Empfang abholen und zum Besprechungsraum geleiten, versuchen Sie nebeneinander zu gehen und Ihrem Gast leichte Hinweise zu geben, in welche Richtung es geht. Ist der Flur zu schmal, übernehmen Sie mit einer kurzen Bemerkung wie „Ich gehe mal voraus." die Führung. Versuchen Sie leicht versetzt zu gehen, damit Sie jetzt schon den ersten Small Talk halten können.

> **Tipp:** Falls Ihr Empfangsteam nicht immer den besten Eindruck hinterlässt, informieren Sie es über den erwarteten Besuch. Stellen Sie heraus, dass dieser Besuch von großer Wichtigkeit für das Unternehmen ist. Das Empfangsteam wird besonders motiviert sein und der Gast sich herzlich willkommen fühlen.

Ist die Besprechung vorüber, begleiten Sie Ihren Besuch wieder zurück zum Empfang. Lassen Sie ihn nicht den Weg allein zurückgehen – sei er auch noch so kurz – in der Hoffnung, dass er ihn sich gemerkt hat. Schließlich geht es auch um die Sicherheit Ihrer Unternehmensdaten, die eingesehen werden könnten.

Im Ausland erwartet man den pünktlichen Deutschen

Im Ausland wird gerade von Deutschen erwartet, dass Sie pünktlich sind. Korrektheit und Genauigkeit gehören zu ihrem Image. Enttäuschen Sie Ihre ausländischen Geschäftspartner also nicht, indem Sie zu spät kommen.

Auf Pünktlichkeit wird vor allem im Norden Europas großer Wert gelegt. Das Wochenende ist für das Geschäftliche absolut tabu und Termine nach 16:00 Uhr sind nicht gern gesehen. Die Dänen werden auch ungerne in der Mittagspause 11:30 – 14:30 Uhr sowie in den Monaten Juli und August mit Geschäftlichem gestört. Sie werden sich wahrscheinlich auch schwer tun, überhaupt einen Skandinavier in der Sommerzeit anzutreffen. Die meisten Firmen schließen sechs bis acht Wochen im Sommer, um die im Norden doch so seltene Sonne zu genießen.

Das spanische Geschäftsleben beginnt meist erst um 9:30 Uhr und eine Siesta von 13:30 – 15:30 Uhr ist durchaus üblich. Auch wenn Sie wissen, dass man bei der spanischen Pünktlichkeit mit einer knappen halben Stunde Verspätung rechnen muss, kommen Sie dennoch zu Terminen pünktlich.

In Japan und China ist pünktliches Erscheinen zu Geschäftsterminen ein Muss. Höflichkeit, Pünktlichkeit und Geduld sind Hauptbestandteile der geschäftlichen und privaten Umgangsformen in Asien. Obwohl die Bahnen in Japan über ein ganzes Jahr gesehen nur 2 $\frac{1}{2}$ Minuten Verspätung haben, versuchen die Betreiber auch diesen „Fauxpas" noch in den Griff zu bekommen. Am wichtigsten ist es aber, sein Gesicht nicht zu verlieren.

Türen, Fahrstühle, Treppen und mehr

Kennen Sie die Situation: Sie gehen mit mehreren Kollegen und einem Vorgesetzten auf eine Tür zu. Sie möchten weder als unhöflich noch als unterwürfig gelten. Wer hält nun wem die Tür auf? Und wie funktioniert dies bei den unterschiedlichsten Türen?

Drehtür

Fangen wir mit der Drehtür an, die bei uns in Deutschland seltener ist als in den USA. Drehtüren werden von einem Junior-Angestellten, dem Gastgeber oder der „stärkeren" Person als Erstes betreten und so positioniert, dass der nächste „einsteigen" kann. Er wartet, bis diese Person die Abteilung betritt und fängt dann an, die Drehtür zu drehen. Funktioniert natürlich nicht bei automatisch rotierenden Türen!

Türen

Türen, die Sie drücken, werden von dem Rangniederen oder dem Gastgeber geöffnet. Er geht durch und hält den Nachfolgenden die Tür auf. Achten Sie dabei darauf, dass Sie nicht im Türrahmen stehen bleiben. Lassen Sie dem Ranghöheren soviel Platz, dass er, ohne Sie zu berühren, durchgehen kann. Kommen Sie also nicht auf die Idee, die Tür mit der Hand aufzustoßen, um dann zu versuchen, den Gast an sich vorbeigehen zu lassen. Diese Aktion ist nicht nur anstrengend, weil Sie sich leicht verkrampfen, wenn die Tür wieder zurückfällt. Es sieht auch merkwürdig aus und derjenige, der durch die Tür will, muss sich erst an Ihnen vorbeizwängen.

Für Türen, die Sie aufziehen, ist die Regel einfach. Der Rangniedere hält dem Ranghöheren die Tür auf und geht dann als Letzter durch die Tür.

> **Tipp:** Als ranghöherer Mann dürfen Sie entscheiden, ob Sie eine Mitarbeiterin vorgehen lassen möchten. Dann ergreifen Sie selber die Tür als Erstes, evtl. sogar mit einem Kommentar wie „Ladies first".

Sind Sie mit Mitarbeitern gleichen Ranges unterwegs, ist es durchaus gängig, sich abwechselnd die Tür aufzuhalten. Übergeben Sie hierbei einfach die Tür einem folgenden Kollegen, indem Sie ihn anschauen und sich zum Durchgehen vorbereiten. Jetzt wird der Kollege die Tür übernehmen müssen und sie für die nachfolgenden Kollegen aufhalten.

Wenn wir schon bei den Türen sind, was ist eigentlich mit geschlossenen Türen?

Grundsätzlich gilt, dass Sie an jede geschlossene Tür vor dem Eintreten kurz und hörbar anklopfen. Es ist als eine Art Warnung zu verstehen. Sie vermeiden so auch, dass Sie Kollegen oder Kunden unangenehm „ertappen".

Warten Ihre Kunden im Meetingraum auf Sie und die Tür ist zu oder angelehnt, klopfen Sie kurz aber bestimmt an. Sie müssen hierbei aber nicht auf das „Herein!" oder „Ja, bitte!" warten. Beim Eintreten ohne vorheriges Anklopfen könnten Sie den Wartenden leicht erschrecken. Steht die Tür zu einem Zimmer offen, der Kollege ist aber gerade beschäftigt und sieht Sie nicht, können Sie sich durch ein Klopfen an die Tür seine Aufmerksamkeit verschaffen.

Fahrstuhl

Auch das Betreten des Fahrstuhls erfolgt in einer gewissen Reihenfolge. Der Ranghöhere oder Gast betritt den Fahrstuhl als Erster und sollte ihn auch zuerst wieder verlassen. Frauen können Sie ebenfalls den Vortritt lassen, wenn Sie möchten. Ist die Frau allerdings nicht Gast, betritt der Gast zuerst den Fahrstuhl, die Frau folgt dann direkt danach.

Ist der Fahrstuhl allerdings so klein bzw. voll, dass die Regel „first in, first out" mit Gerangel verbunden ist, lassen Sie die zweite Regel fallen und gehen der Reihe nach aus dem Fahrstuhl, wie es gerade am bequemsten geht.

Treppen

Auf der Treppe geht im Alltagsleben der Mann hinter der Frau die Treppe hinauf, um sie bei einem eventuellen Sturz aufzufangen. Hinunter geht er zuerst, um Gleiches tun zu können, wenn sie stürzen sollte. Ist die Treppe breit genug, geht der Mann beziehungsweise die stärkere Person links (wenn er Rechtshänder ist), um eine eventuell fallende Personen halten zu können. Im Geschäftsleben ersetzen Sie die Dame durch den Ranghöheren oder Gast.

- Rangniedere öffnen und halten Türen für Ranghöhere.
- Türen werden für Gäste und Kunden aufgehalten.
- Menschen mit Behinderungen helfen wir beim Eintreten.

Rücken können nicht entzücken

Einem Japaner den Rücken zudrehen gilt als beleidigend. Genauso wenig sollten Sie einem Japaner die Fußsohlen entgegenstrecken.

Übung 18:
Sie stehen mit Ihrem Chef und einer Kollegin vor dem Fahrstuhl. Wer geht zuerst hinein?

Übung 19:
Welche Signale sind ausschlaggebend für den ersten Eindruck?

Übung 20:
Sie sitzen mit Ihrem Chef und einem Kunden im Meetingraum. Ihre Sekretärin bringt den Kaffee. Wer wird zuerst bedient?

Sitzen, stehen und gehen als Mann

Es gibt Geschäftsmänner, die mit ihrer Haltung ausdrücken: „Platz da, hier kommt eine wichtige Persönlichkeit!". Sie werfen sich in die Brust, wippen leicht in den Knien und haben den breitbeinigen Schritt lässiger Cowboys. Andere wiederum sehen in ihren Anzügen verloren und mickrig aus, weil sie ihre Schultern hängen lassen und der Kopf am liebsten im Hemdkragen verschwinden würde. Bedenken Sie, dass die Körperhaltung für einen ersten guten Eindruck eine wichtige Rolle spielt. Mit Ihrer Haltung drücken Sie Ihre Einstellung und Ihre Gefühle aus. Wenn Sie stehen, positionieren Sie Ihre Beine locker nebeneinander. „Brust raus, Schultern nach hinten" gilt auch für die perfekte Haltung im Geschäftsleben. Am leichtesten bekommen Sie eine gute Haltung, wenn Sie den Kopf nach oben nehmen. Das streckt automatisch den Rücken. Drücken Sie die Schultern leicht nach unten. Vermeiden Sie ein extremes Hohlkreuz ebenso wie eingefallene Schultern. Sie sollten weder stocksteif noch stolzierend wirken. Ertappen Sie sich ab und zu bei einer eingefallenen Haltung, korrigieren Sie sich bewusst. Ihr Rücken wird es Ihnen danken.

Achten Sie beim Gehen darauf, dass Sie einen aufrechten, zügigen Gang haben. Ihr äußeres Erscheinungsbild wird durch einen schleppenden oder taumelnden Gang stark beeinträchtigt. Drehen Sie die Füße nicht nach außen oder innen. Einen geraden Gang können Sie übrigens üben, indem Sie Bücher auf dem Kopf balancieren.

Vermeiden Sie, in der Öffentlichkeit zu laufen oder zu rennen. Sollten Sie öffentliche Verkehrsmittel aber nur so erreichen, führt kein Weg daran vorbei. Versuchen Sie beim nächsten Mal einfach mehr Zeit einzuplanen.

So sieht die gerade Körperhaltung aus

Sie stehen mit leicht geöffneten Beinen und lassen den Oberkörper nach vorne fallen, so dass Ihr Kopf zwischen den Armen hängt. Nun kommen Sie ganz langsam, indem Sie Wirbel für Wirbel aufrollen, wieder hoch. Jetzt richten Sie die Schultern auf und als Letztes kommt langsam der Kopf nach oben. Jetzt sollten Sie eine gerade Körperhaltung haben. Schauen Sie nach rechts und links und genießen Sie diese Haltung. Sie stehen jetzt in Ihrer ganzen „Pracht" im Raum. Gehen Sie ein paar Schritte und verinnerlichen Sie diese Haltung.

Sitzhaltung

Egal ob beim Meeting oder in Ihrem eigenen Büro: Sie sollten möglichst aufrecht auf Ihrem Stuhl sitzen. Das tut nicht nur Ihrem Rücken gut, sondern auch Ihrem Image. Um eine gerade Sitzhaltung zu erreichen, bekam man früher einen Stock hinter den Rücken gespannt, der in den Armbeugen gehalten wurde. Auf solche Methoden verzichten wir heute lieber. Achten Sie einfach darauf, dass Ihr Rücken Kontakt mit der Stuhllehne hat.

Tipp: Falls Sie zu den „Breitsitzern" gehören, die gerne mit weit gespreizten Knien und nach hinten gekipptem Oberkörper auf dem Stuhl hängen: Führen Sie die Beine zusammen. Es sieht einfach besser aus.

Die optimale Sitzhaltung

Eine entspannte Sitzvariante, die Sie oft bei Herren beobachten können, ist das Überschlagen der Beine, indem ein Bein waagerecht auf dem anderen abgelegt wird. Das ist nicht gestattet. Am besten stehen die Beine fest auf dem Boden nebeneinander. So haben Sie Bodenkontakt und strahlen Sicherheit aus. Sollte dies auf Dauer zu anstrengend werden, können Sie die Füße hintereinander stellen oder die Füße leicht vergrätschen. Bedenken Sie aber, dass andere Ihre Körpersprache lesen können.

FALSCH: Zu lässige Sitzhaltung

Was man oft bei Männern beobachten kann, ist ein Nach-hinten-Lehnen mit verschränkten Händen hinter dem Kopf. Dies mag wohl eine gewisse Lässigkeit ausdrücken, ist aber keine angemessene Sitzhaltung. Das Strecken und Räkeln nach einer langen Besprechung ist auf jeden Fall entspannend für Ihren Körper, aber zu ausladende Bewegungen sind deplatziert.

Kommen wir zum Kippeln. Wer mit dem Stuhl kippelte, wurde schon in der Schulzeit ermahnt. Es gibt auch heute kein gutes Bild ab, sollten Sie während eines Meetings hin- und herwippen.

Stellen Sie sich vor, Ihr Vorgesetzter kommt in Ihr Büro, während Sie zurückgelehnt und entspannt am Telefon sitzen. Mit wem sprechen Sie eigentlich gerade? Auch für das Telefonieren gelten bestimmte Regeln. Mehr dazu später.

 Werden Sie zu Verhandlungen in islamische Länder eingeladen, achten Sie besonders streng auf die Etikette. In arabischen Ländern ist es unhöflich, dem Gegenüber die Schuhsohlen zu zeigen, denn der Boden und die Schuhe gelten als schmutzig.

FALSCH: Nachlässiger Umgang mit Distanzzonen

Halten Sie den richtigen Abstand

Es gibt gewisse Distanzen, die Sie Ihrem Gegenüber einräumen sollten. Man unterscheidet folgende Abstände:

- Die intime Distanz (0 – 0,5 Meter)
  unter Freunden, Liebenden
- Persönliche Distanz (0,5 – 1,5 Meter)
  unter Familienmitgliedern z.B. beim Esstisch, Freunde beim Sport
- Gesellschaftliche Distanz (1,5 – 4 Meter)
  unter Reisenden im Abteil, bei der Unterhaltung mit Fremden
- Öffentliche Distanz (ca. 4 Meter)
  unter Passanten auf der Straße, Gästen im Restaurant

Sie werden schnell merken, ob Sie jemandem zu nahe gekommen sind und spüren sicherlich auch bei sich selbst, wenn Ihnen jemand auf die Pelle rückt.

> **Tipp:** Achten Sie darauf, dass Sie Frauen gegenüber immer einen angemessenen Abstand einhalten. Zuviel körperliche Nähe oder gar körperlicher Kontakt könnten als sexuelle Belästigung empfunden werden.

Distanzen gelten auch für den Schreibtisch Ihres Kollegen. Lehnen Sie sich nicht über jemanden, der an seinem Schreibtisch sitzt. Warten Sie auf eine Einladung, gemeinsam auf den Bildschirm zu schauen. Oft werden Sie auch feststellen, dass Kollegen den Bildschirm „freigeben", so dass immer eine Distanz gewahrt bleibt. Machen Sie sich Ihre Distanzzonen bewusst und verhalten Sie sich entsprechend. Dann liegen Sie genau richtig.

Flucht vor zuviel Nähe

In Südamerika sind die Distanzzonen geringer ausgeprägt als in Mitteleuropa. In einem brasilianischen Reitclub hatten derartige Missverständnisse zwischen Mitteleuropäern und Nordamerikanern schmerzhafte Folgen: Ein Schreiner musste das Geländer einer Veranda erhöhen, weil immer wieder Nordamerikaner und Nordeuropäer rücklings hinunter gestürzt waren. Ihre südamerikanischen Pferdefreunde hatten den üblichen „nordischen" Gesprächsabstand von einer Armlänge nicht eingehalten und die Gäste hatten sich unbewusst bedroht gefühlt. Da sie Schritt um Schritt zurückwichen und die Südländer nachrückten, hatte dies fatale Folgen.

Ähnlich problematisch können Begegnungen zwischen kühlen Engländern, die Berührungen praktisch nie zulassen, und Männern aus Puerto Rico sein. Ein puerto-ricanischer Mann wird seinen Gesprächspartner, wie bei Beobachtungen gezählt wurde, bis zu 180-mal pro Stunde berühren. Für den Briten genau 180-mal zu oft. Der Engländer wird dem Puerto-Ricaner mit Sicherheit homosexuelle Absichten unterstellen. (Quelle: Focus-online 2.7.2004)

Allgemeine Do's and Don'ts

Was Sie tun oder lassen sollten, um sich den Umgang mit anderen Menschen erleichtern, lesen Sie in der folgenden Liste.

Do's

Danke, Bitte, Entschuldigung sagen.

Der Aufwand ist klein, aber die Wirkung groß.

Gäste zur Tür geleiten.

Sowohl im privaten als auch geschäftlichen Bereich ein Muss. Gehen Sie nicht davon aus, dass sich Ihr Gast den Weg zum Ausgang gemerkt hat. Außerdem könnte er ungewollter Weise etwas sehen, was nicht für seine Augen bestimmt ist.

Jemandem die Tür aufhalten.

Schauen Sie kurz hinter sich, wenn Sie durch eine Tür gehen und halten Sie anderen Personen, die hinter Ihnen sind, auch die Tür auf – auch wenn Sie sie nicht kennen.

Sparsam mit Kritik umgehen.

Überlegen Sie sich, wie Kritik bei Ihnen ankommt und wie Sie damit umgehen können. Sparen Sie sich also die Bemerkung über das kleine Missgeschick Ihrer Kollegin.

In den Mantel helfen.

Diese kleine Geste ist auch mit der Emanzipation nicht aus der Mode gekommen. Helfen Sie ruhig älteren Menschen und Frauen in den Mantel.

Dankesbriefe in der angemessenen Zeit schreiben.

Haben Sie Geschenke bekommen, bedanken Sie sich am besten ein bis zwei Wochen nach Erhalt für das Geschenk. So weiß auch der Schenkende, dass es bei Ihnen angekommen ist.

Sich bei einem Gastgeber ein bis zwei Tage nach einer Einladung für den netten Abend bedanken.

Diese Geste ist leider etwas in Vergessenheit geraten. Jeder Gastgeber wird sich darüber freuen, wenn Sie nach einer Feier dem Gastgeber per Telefon, Karte oder E-Mail kurz für den gelungenen Abend danken.

Jemandem einen Platz anbieten.

Ob in der U-Bahn oder im Büro: Bieten Sie Gästen, Schwächeren, Schwangeren oder Älteren einen Platz an.

Behinderten und Alten helfen.

Dass wir Behinderten, Alten oder Schwächeren im Alltag helfen sollten, ist selbstverständlich. Manche haben aber Angst oder Scheu, ihre Hilfe anzubieten, denn sie wollen dem anderen nicht unbedingt vermitteln, dass er hilfebedürftig wirkt. Wenn Sie höflich fragen, ob Sie helfen können, sollte niemand ruppig oder böse reagieren. Und wenn es doch einmal passieren sollte, nehmen Sie es nicht persönlich.

Lächeln.

Für ein Lächeln beanspruchen wir weniger Muskeln als für ein grimmiges Gesicht. Probieren Sie es aus – es verändert das Straßenbild und Ihr Umfeld ungemein.

Gäste bei Regen direkt am Restaurant aussteigen lassen.

Bieten Sie Gästen an, direkt vor dem Restaurant oder vor dem Theater auszusteigen und parken Sie anschließend das Auto. So werden Ihre Passagiere bei Regen nicht nass.

Regenschirme.

Bieten Sie an Ihren Regenschirm zu „teilen" und übernehmen Sie dabei die Rolle des Tragens.

Sprechen Sie mit leiser Stimme.

Arbeiten Sie in einem Großraumbüro, achten Sie darauf mit gedämpfter Stimme zu sprechen, um andere Kollegen nicht unnötig bei Telefonaten oder Besprechungen zu stören.

Ein Gentleman

betrachtet sich niemals als Mittelpunkt der Aufmerksamkeit. Sein Ziel ist es, das Leben - nicht nur für sich, sondern für Freunde, Kollegen und seine Mitmenschen - einfacher zu gestalten. Da er ein Gentleman ist, ist dies keine Last, sondern es ist eine Aufgabe, die er täglich eifrig und mit besten Wissen erfüllt.

Don'ts

Auf die Straße spucken.

Manche Männer spucken im Gehen mal schnell aus. Das ist unhygienisch und unappetitlich. Wenn Mann unterwegs einen schlechten Geschmack im Mund hat, sollte er zum Mundspray greifen.

Sich in den Schritt fassen.

Rücken Sie Ihre Hose oder was sonst noch in Unordnung gekommen ist, nicht in der Öffentlichkeit zurecht.

Frauenfeindliche Witze erzählen.

Wenn man es schon nicht lassen kann, dann wenigstens nur in Männergesellschaft.

Frauen mustern.

Es gehört sich nicht, Geschäftspartnerinnen, Kolleginnen oder Kundinnen augenrollend zu mustern. Es wäre Ihnen auch unangenehm, wenn eine Frau dies mit Ihnen tun würde.

Zu dicht vor jemandem gehen, so dass er Ihnen ständig in die Hacken laufen muss.

Müssen Sie vorgehen, weil Sie beispielsweise den Weg weisen möchten, versuchen Sie schräg vor jemandem zu gehen, damit er seine Schrittlänge nicht zu sehr an die Ihre anpassen muss.

Finger knacken.

Diese Fingerübung sollten Sie lieber machen, wenn Sie allein sind. Knackende Finger sind für Zuhörer kein angenehmes Geräusch.

Fingernägel kauen.

Die Maniküre Ihrer Nägel sollten Sie grundsätzlich Ihrer Nagelschere überlassen. Es sieht einfach besser aus und irritiert andere auch nicht.

Kaugummi kauen in der Öffentlichkeit.

Wir haben noch niemanden gesehen, der kaugummikauend gut aussieht.

Zahnstocher in der Öffentlichkeit benutzen.

Stehen zwar oft auf Tischen in Restaurants, Ihre Zahnhygiene sollten Sie aber woanders betreiben. Beispielsweise auf der Toillette. Entschuldigen Sie sich kurz und entfernen Sie Fleischreste nicht hinter vorgehaltener Hand, sondern in aller Ruhe im Abseits – damit Sie nicht bald im selbigen stehen.

Husten oder niesen, ohne die linke Hand vorzuhalten.

Da Sie mit der rechten Hand andere begrüßen, vermeiden Sie es, Ihre Viren mit dem Handschlag zu überreichen.

Jemanden im Gespräch unterbrechen.

Ins Wort fallen gehört zu den Fauxpas, die bei Umfragen fast alle als Erstes nennen. Nehmen Sie es sich zu Herzen.

Mit dem Finger auf jemanden zeigen; jemanden anstarren oder einer Person etwas zuflüstern, während andere reden.

Verunsichert die Personen, die betroffen sind. Nehmen Sie Rücksich auf Vortragende oder Sprechende. Sie müssen sich konzentrieren und werden so leicht aus dem Konzept geworfen.

Laut lachen.

Ist unangebracht. Ebenso das Aufreißen des Rachens, dass man Ihre Mandeln sehen kann.

Mit der Zunge die Zähne säubern.

Jegliche Zahnhygiene gehört nicht in die Öffentlichkeit. Macht Sie jemand aufmerksam, dass Sie etwas zwischen den Zähnen hängen haben, versuchen Sie dies möglichst unauffällig zu entfernen.

Sich häufig kratzen.

So dass Ihr Gegenüber schon langsam glauben muss, dass er die Flöhe auch bald hat.

Auf den Boden schauen.

Sehr unangenehm für den, mit dem Sie gerade sprechen. Sie können gerne Ihre Augen schweifen lassen, wenn Sie überlegen. Sprechen sollten Sie allerdings möglichst mit Ihrem Gesprächspartner. Er kann Sie auch viel besser verstehen, wenn Sie ihn und nicht den Boden ansprechen.

Keine Spiele in der Hosentasche

Während eines Vortrags eine Hand in der Hosentasche zu haben entspannt und ist völlig legitim. Vermeiden Sie dabei aber mit Kleingeld oder anderen Dingen in Ihrer Hosentasche zu spielen. Diese „Fummelei" fällt allen auf!

Wieviel Trinkgeld muss sein?

Wer viel unterwegs ist, trifft auch viel Servicepersonal. Ob in der Bahn, im Hotel oder im Restaurant. Doch dann stellt sich schnell die Frage, wer wieviel Trinkgeld bekommt. Und wie sind die Trinkgeldgepflogenheiten in den unterschiedlichen Branchen? Damit Sie in Zukunft bei Hotel- und Restaurantbesuch richtig liegen, haben wir einige Tipps für Sie zusammengestellt. Kennen Sie eigentlich die Bedeutung des englischen Begriffes für Trinkgeld, nämlich „tip"? „Tip" bedeutet: to improve promptness. So wird der eigentliche Sinn des Trinkgeldes klar.

Im Hotel

Der Page erhält einen Euro pro schwerem Gepäckstück, und zwar sobald er das Gepäck auf Ihr Zimmer gebracht hat. Wenn Sie nur eine Nacht im Hotel bleiben, sollten Sie dem Zimmermädchen ein bis zwei Euro hinterlassen, da der Empfang das Trinkgeld oft an das Personal nach einer Quote verteilt. Meist bekommt das Zimmermädchen dann gar nichts ab. Bei längeren Hotelaufenthalten können Sie einen Umschlag („Für das Personal") im Zimmer hinterlassen. In diesem Betrag müssen Sie neben dem Zimmerservice auch den Nachtportier, der Ihnen morgens um vier Uhr den Schlüssel überreicht und den Zimmerkellner (falls Sie ihn in Anspruch genommen haben) berücksichtigen. Sie brauchen übrigens nicht bis zum letzten Tag mit dem Umschlag zu warten.

Trinkgeld wird in Deutschland nicht einfach auf dem Tisch liegen ge-lassen – nur beim Frühstückspersonal (ein Euro) darf man eine Aus-nahme machen, wenn man es eilig hat.

Im Restaurant

In einem guten Restaurant sollten Sie fünf bis zehn Prozent des Rech-nungsbetrages Trinkgeld geben, bei Bezahlung mit Kreditkarte geben Sie den „Tip" am besten in bar. So muss keine Provision an die Kre-ditkartengesellschaften abgegeben werden und es erreicht wirklich die Person, die Sie „tippen" wollen.

Sie sollten aber auch Abstriche machen, wenn sich der Service eher durch Unfreundlichkeit als durch Qualität ausgezeichnet hat.

In Taxi, Bahn und Flugzeug

Im Taxi ist ein Trinkgeld üblich und wird sogar erwartet. Bei einer kurzen Strecke ist ein Euro angemessen.

Bekommen Sie in der Bahn von einem freundlichen Zugbegleiter ein Kaffee serviert, halten Sie sich dabei am besten an die allgemein gül-tige Gastronomie-Faustregel: Zwischen fünf und zehn Prozent vom Rechnungsbetrag sind angemessen. Das ist heute schon ein wirklich guter Service. Diese Empfehlung gilt auch im Speisewagen.

Im Flugzeug ist Trinkgeld geben verpönt. Stewardessen und Stewards erhalten kein Trinkgeld im Flugzeug, da sie als Gastgebende an Bord betrachtet werden. Das Personal renommierter Fluggesellschaften ist sogar angehalten, Trinkgelder einer karitativen Einrichtung zu spen-den. Auch bei Billigfliegern, die an Bord Getränke verkaufen, ist das Zahlen eines Trinkgeldes nicht üblich.

Trinkgeld für Dienstleister

Liefert Ihr Bote vom Kurierdienst regelmäßig pünktlich seine Päck-chen bei Ihnen ab, freut auch er sich zu Weihnachten über eine An-erkennung seiner Dienste.Bei Ihren Müllwerkern bedanken Sie sich an Weihnachten am besten mit einer Aufmerksamkeit auf der Müll-tonne – Geld können Sie ja schlecht hinterlassen. Zuverlässigen Hausmeistern und Putzfrauen sollten Sie an Weihnachten eher ein persönliches Geschenk überreichen, das wertet die Arbeit der wert-vollen „Perlen" erheblich auf.

Beim Friseur dürfen Sie pro Leistung einen Euro Trinkgeld geben. Also Waschen durch den Lehrling, der Schnitt vom Meister und Färben durch den Jungfriseur bedeuten drei Euro Trinkgeld.

Der Chef bekommt kein Trinkgeld

Bedient Sie der Chef selbst, bekommt er kein Trinkgeld. Nicht im Restaurant und auch nicht beim Friseur. Ihr Trinkgeld werfen Sie in das Schweinchen, das meist auf den Empfangstheke steht. Es gilt die Regel, das Trinkgeld mit der Frage „Haben Sie eine Kaffeekasse für die Angestellten ...?" dort für die Angestellten zu hinterlassen.

Denken Sie immer daran, dass Servicepersonal oft ein niedriges Grundgehalt hat und von den Trinkgeldern lebt. Seien Sie also großzügig, wenn Sie mit der Leistung zufrieden waren. Begleiten Sie das Geben von Trinkgeld ruhig mit den persönlichen Worten des Lobes. Dies geht dem Empfänger „runter wie Öl".

Wieviel Trinkgeld ist im Ausland üblich?

Zehn Prozent Trinkgeld sind in Frankreich im Restaurant üblich. Im Gegensatz zu Deutschland wird es beim Verlassen des Restaurants einfach auf dem Tisch liegen gelassen. Auch in Griechenland wird das Trinkgeld, das zwischen fünf und zehn Prozent des Rechnungsbetrages ausmacht, auf dem Tisch liegen gelassen. Eine Rechnung aufzurunden ist eher unüblich.

Kleinstbeträge von 1 – 20 Cent als Trinkgeld anzubieten gilt in Spanien und Italien als Beleidigung. In Italien geben Sie höchstens zehn Prozent Trinkgeld. Im Hotel werden ca. fünf Euro pro Woche für das Zimmermädchen erwartet. Ein Taxifahrer hingegen erwartet kein Trinkgeld.

Trinkgeld beträgt in der Türkei zwischen 10 und 15 Prozent des Rechnungsbetrages. Am besten übergeben Sie dieses in der Landeswährung.

Sehen amerikanische Kellner einen europäischen Gast, reißen Sie sich nicht gerade darum, an seinem Tisch zu bedienen. Europäer sind dafür bekannt, zu wenig oder auch gar kein Trinkgeld zu geben. Kellner bekommen in den USA oft nur den halben Mindestlohn von ein bis zwei Dollar pro Stunde und sind deshalb auf das Trinkgeld angewiesen. Deshalb ist ein Trinkgeld von 15 Prozent des Rechnungsbetrages ein ungeschriebenes Gesetz. Planen Sie diese Tatsache beim Essen mit ein. Ein Trinkgeld in Höhe von 10 oder 20 Dollar kann schnell erreicht sein.

Übung 21:
Sie suchen eine wichtige Akte und schauen auf dem Schreibtisch Ihrer kurz abwesenden Kollegin nach. Ist das der richtige Stil?

Übung 22:
Wie ist die perfekte Sitzhaltung als Mann im Geschäftsleben?

Übung 23:
Sie sind in einer Besprechung und starren ständig auf Ihre Uhr, da Sie Ihr Flugzeug noch erreichen wollen. Wie verhält man sich stilgerecht?

Mit einer Frau auf Geschäftsreise

Sollten Männer mit Frauen gemeinsam auf Geschäftsreise gehen, verhalten Sie sich so, wie es die Geschäftsregeln im Büro vorschreiben. Anders gesagt: Für andere Reisende oder Restaurantbesucher sollte schnell ersichtlich sein, dass Sie über Geschäftliches sprechen. Geschäftsreisen sind keine Gelegenheit, bei denen Sie von der Business-Etikette zu privaten Verhaltensregeln wechseln.

Auf Reisen gilt: Geschäftliches und Privates trennen

Ein Hotelzimmer ist nicht der ideale Ort, um eine Besprechung abzuhalten. Sollte es aber keine andere Möglichkeit geben, gehen Sie sicher, dass keine persönlichen Dinge von Ihnen herumliegen. Vermeiden Sie nach Beendigung einer Besprechung, gemeinsam auf dem Hotelzimmer noch etwas zu trinken. Verabreden Sie sich besser an der Bar.

In Japan sind die Toiletten nicht abschließbar. Klopfen Sie an und warten Sie dann auf ein Klopfen des anderen. Hören Sie dieses nicht, können Sie die Tür langsam öffnen.

Auto- und Flugzeug-Knigge

Als Geschäftsmann werden Sie des öfteren jemanden in Ihrem Auto mitnehmen müssen oder mit einem Auto bei einem Kunden vorfahren. Ihr Auto ist also Teil Ihres Auftritts. Die Frage ist, wie Sie beim Kunden mit Ihrem Fahrzeug einen guten Eindruck hinterlassen. Gerade wenn Sie im Vertrieb beschäftigt sind, sollten Sie einige Punkte beachten.

Erscheinen Sie möglichst fünf bis zehn Minuten vor dem Meeting am Treffpunkt. Hatten Sie einen langen Anfahrtsweg, können Sie sich nun noch einmal vor dem Meeting sammeln und sich auf das Treffen einstellen. Möglicher Fahrstress sollte jetzt von Ihnen abfallen.
Gehören Sie zu den Männern, die immer ein sauberes Auto haben? Dann müssen Sie keine Angst davor haben, dass ein Kunde spontan bis zur nächsten Stadt mitgenommen werden will. Aber wenn Sie sich an die letzte Autowäsche nicht mehr erinnern können, dann wird es Zeit, den Wagen auf Vordermann zu bringen. Achten Sie stets darauf, wie Ihr Auto im Innenraum aussieht. Quillt der Aschenbecher über? Liegen Tankquittungen, Flaschen oder Verpackungen herum? Bringen Sie den Innenraum so weit auf Vordermann, dass Sie jemanden mitnehmen können, ohne sich zu schämen. Halten Sie für die Entsorgung des Mülls bei einer Tankstelle oder Raststätte an.
Wie dreckig ist der Wagen von außen? Sicherlich, eine Fahrt in der Winterzeit hinterlässt schnell ihre Spuren. Fahren Sie aber im Sommer mit einem völlig dreckigen Auto durch die Straßen, wirft das kein gutes Licht auf Sie.

Nehmen Sie einen Kunden mit, achten Sie auch auf Ihren Fahrstil. Pöbeleien und Aufregungen am Steuer sowie rasantes Fahren vermeiden Sie unbedingt! Die meisten Mitfahrer finden schnelles Fahren nicht aufregend, sondern beängstigend.

Achten Sie darauf, dass Sie beim Kuppeln nicht ständig mit der schaltenden Hand das Knie des Mitfahrers streifen. Es ist für ihn sehr unangenehm, Frauen fühlen sich eventuell sogar belästigt. Wenn Ihr Mitfahrer oder Ihre Mitfahrerin mit dem Knie wegrückt, wissen Sie, dass Sie Ihre Handhaltung beim Kuppeln ändern müssen.

> **Tipp:** Drehen Sie beim Auto fahren das Radio leise. Man trifft selten den Musikgeschmack seines Mitfahrers, außerdem könnte eine Unterhaltung erschwert werden. Wippen Sie auch nicht mit den Fingern im Takt zur Musik oder klopfen sich auf die Schenkel. Konzentrieren Sie sich aufs Fahren. Pflegen Sie ein leichtes Gespräch, das Sie nicht ablenkt.

Die Frage, mit welcher Automarke Sie welchen Eindruck beim Geschäftspartner hinterlassen, wird oft mit der Dienstwagenregelung eines Unternehmens beantwortet. Fahren Sie mit Ihrem Privatwagen zum Kunden, überlegen Sie vorab, welchen Eindruck Sie dort hinterlassen könnten. Eventuell neidet der Familienvater Ihnen das sportliche Coupé.

Kunden abgeschreckt

Ein Handelsvertreter berichtete, dass, nachdem sein Audi A6 in die Werkstatt kam und er als Ersatzwagen einen Audi A8 bekam, ihm dies sofort von seinen Kunden quittiert wurde. Aussagen wie „Aha, das Geschäft muss ja gut laufen." waren an der Tagesordnung. Leider musste er auch feststellen, dass nach dem Auftritt mit dem Audi A8 einige Kunden nicht mehr anriefen.

Als Fluggast unterwegs

Die Welt ist durch das Flugzeug kleiner geworden. Oft werden Sie dieses Transportmittel wählen, um schnell von A nach B zu kommen. Auch im Flugzeug gibt es gewisse Regeln, die zu beachten sind.

Es beginnt damit, wie Sie ein Flugzeug betreten und Ihren Platz einnehmen. Womöglich ist Ihr Platznachbar bereits eingestiegen und beobachtet Sie schon gespannt. Eine Geste der Höflichkeit, auf die Sie niemals verzichten sollten, ist ein freundlicher Gruß an Ihren Nachbarn. Schließlich werden Sie einige Zeit nebeneinander verbringen und im Idealfall einen neuen Menschen kennen lernen. Wenn Sie nicht in der Stimmung sind, ein Gespräch zu führen, müssen Sie es auch nicht tun. Signalisieren Sie dies am besten, indem Sie sich nach dem Setzen Ihrer Lektüre zuwenden oder einfach die Augen schließen. Bei Flugende verabschieden Sie sich, auch wenn kein Gespräch zustande gekommen ist.

Welche Lehne gehört Ihnen?

Bekanntlich gibt es in der Economy-Class immer einen gewissen Mangel an Platz, was den Sitzkomfort beeinträchtigt. Wem gehört denn nun welche Lehne und wie stehe ich auf, ohne meine Nachbarn zu stören?
Die Sache mit der Armlehne ist einfach. Handelt es sich um eine Sitzreihe mit drei Sitzen nebeneinander, gilt die Regel: Die Person am Gang bekommt die Sitzlehne, die zur Seite des Ganges ist. Dem Passagier in der Mitte sollten die Lehnen links und rechts zustehen, da er sich am wenigsten bewegen kann. Der Fensterplatz bietet immerhin noch die Möglichkeit, sich an der Wand/am Fenster anzulehnen und so eine gewisse Freiheit zu haben.

Tipp: Vorsicht am Gangplatz! Wenn Sie sich zu weit in den Gang lehnen, kollidieren Sie vielleicht mit dem Getränke- und Essenstrolli der Flugbegleiterinnen.

Fliegen Sie in der Business-Class Kurzstrecke, werden meistens die mittleren Sitze freigelassen, so dass die Frage nach den Armlehnen nicht aufkommt. Auf der Langstrecke haben die Sitze jeweils zwei Armlehnen, so dass man auf seinen Sitznachbarn diesbezüglich keine Rücksicht nehmen muss.
Achten Sie die Grenzen und ziehen Sie nicht nur Ihre Ellenbogen, sondern auch Gepäck und vor allem die Zeitung ein, sollten Sie eine lesen.

Wie stehen Sie vom Mittelsitz auf?

Bitten Sie zuerst Ihren Sitznachbarn darum, Sie herauszulassen. Dieser tritt dann in den Gang und lässt Sie aufstehen. Halten Sie sich jetzt nicht mit den Händen am vorderen Sitz fest, damit Sie leichter herauskommen. Durch diese schlechte Angewohnheit wird der Sitz des Vordermanns nach hinten gezogen und beim Loslassen federt er wieder nach vorne. Sollte Ihr Vordermann geschlafen haben, ist er spätestens jetzt wach. Gleiches gilt auch für das Hinsetzen. Versuchen Sie sich nicht an den Vordersitzen festzuhalten oder abzustützen, sondern gleiten Sie einfach auf den ersten Sitz und dann auf den zweiten. Wenn Sie geschickt sind, schaffen Sie es durch Abstützen an Ihrem eigenen Sitz, sofort auf den Mittelplatz zu kommen. Stellen Sie Ihren Sitz auch nicht ständig hoch und runter. Es stört nicht nur Ihren Hintermann. Er könnte schließlich auch den Tisch ausgeklappt haben und die Getränke könnten dann umkippen.

 ## Esskultur im Flugzeug

Wird das Essen serviert, merken Sie schnell, dass fürs Speisen wenig Platz vorhanden ist. Nutzen Sie diese Gelegenheit dazu, Ihre Tischmanieren zu perfektionieren. Die Arme bleiben eng am Körper, wenn Sie das Essen zum Mund führen.

Meist wird der Fenstergast zuerst mit Getränken bedient. Bekommt der Passagier am Fenster als Erster etwas zu trinken, muss seine Bestellung nicht über andere Getränke hinweg gereicht werden. Die Getränke der anderen können nicht umfallen. Gleiches gilt auch für das Essen. Reichen Sie das Essen an den Fensterplatzpassagier zuerst durch – es sei denn er hat ein anderes Essen vorbestellt.

> **Tipp:** Reisen Sie gemeinsam mit Kollegen, nennen Sie keine Namen, wenn Sie über Kunden oder deren Projekte sprechen, denn Sie wissen nie, wer hinter Ihnen sitzt und mithört. Auch das Lesen vertraulicher Unterlagen oder die Bearbeitung von E-Mails im Flugzeug sollten Sie so gestalten, dass kein anderer Passagier mitlesen kann.

Langstreckenflüge

Während des Fluges sollten Sie Ihre Mitreisenden nicht durch lautes Musikhören oder zu viel Alkoholgenuss belästigen. Gerade ein Langstreckenflug ist für die meisten Menschen anstrengend und trägt nicht unbedingt zur guten Laune bei.
Sie sollten nicht versäumen, viel Flüssigkeit zu sich zu nehmen. Aber bitte nicht nur Alkohol. Auf Langstreckenflügen stehen während der

Ruhezeiten Getränke in der Boardküche zur Verfügung, die Sie sich jederzeit holen können.

Vergessen Sie auch nicht, sich zu bewegen. Auf den meisten Flügen gibt es bereits Animationsfilme, die der möglichen Gefahr einer Thrombose vorbeugen. Keiner wird es Ihnen verwehren, wenn Sie auf dem Gang auf und ab gehen, um so Ihre Portion Bewegung zu bekommen. Möchten Sie aber nicht ständig aufstehen und Ihre Mitreisenden stören, können Sie auch durch kreisende Bewegungen der Füße die Blutzirkulation antreiben.

Bedenken Sie beim Check-in Ihre Platzwahl. Plätze in den ersten Reihen haben auf Langstreckenflügen den Nachteil, dass Mütter mit Babys oder Kleinkindern dort platziert werden. Mit etwas „Lärmbelästigung" sollten Sie dort also rechnen.

Übrigens: nach der Landung des Flugzeugs wird nicht geklatscht.

Wie verlassen Sie das Flugzeug?

Auch für das Verlassen des Flugzeugs gibt es Regeln. Auf den meisten Flügen verlassen alle Passagiere das Flugzeug über die Fronttür. Manchmal gibt es Dockingstationen, an denen auch hinten die Tür geöffnet wird. Steigen Sie auf dem Vorfeld aus, um mit dem Bus weitertransportiert zu werden, werden meistens auch zwei Türen geöffnet. In jedem Fall geht der zuerst raus, der der Tür am nächsten ist. Das Flugzeug wird also bei Nutzung der vorderen Tür von vorne nach hinten „entladen". Sind Sie noch nicht fertig zum Gehen, lassen Sie ruhig anderen den Vortritt. Behinderten Menschen wird meist am Schluss geholfen, damit Sie durch Rollstühle oder Gehhilfen den Fluss nicht behindern.

Am Gepäckband

Spannend wird es am Gepäckband. Hier ist oft eine Ralley der Gepäckwagen um den besten Platz am Förderband zu beobachten. Gehen Sie mit gutem Beispiel voran und verstellen Sie den Zugang zum Förderband nicht mit dem Gepäckwagen.

Lassen Sie ca. einen Meter Abstand zum Förderband, so können alle ohne Behinderung beobachten, wann ihre Koffer kommen. Haben Sie Ihren Koffer entdeckt, drängeln Sie sich nicht an das Band vor. Sollten Sie Ihren Koffer verpassen, kommt er spätestens nach einer

Runde auf dem Gepäckband wieder zu Ihnen. Bleiben Sie höflich und gelassen, auch unter Zeitdruck.

Gutes Benehmen im Ausland

Durch die Euro-Einführung ist Europa wirtschaftlich noch enger zusammengerückt ist. Allerdings ist zu beobachten, dass die europäischen Nationen nun um so stärker an ihren Bräuchen und Gepflogenheiten festhalten. So wird beispielsweise in Südeuropa beim Betreten von öffentlichen Gebäuden Wert darauf gelegt, dass Schultern und Beine bedeckt sind.

Wenn Sie einen ausländischen Geschäftspartner zum ersten Mal treffen, fragen Sie netterweise in ein paar Brocken der Landessprache nach, ob er eventuell Englisch oder sogar Deutsch spricht. So zollen Sie dem Gastgeber Respekt.

In den USA unterwegs zu sein ist recht einfach. Beim Einchecken gibt es nur eine Reihe pro Fluggesellschaft, die sich vor den Countern schlängelt. Das bedeutet: „Wer zuerst kommt, wird zuerst bedient." Haben Sie es allerdings sehr eilig, weil Sie Ihren Anschlussflug bekommen müssen, fragen Sie höflich beim Bodenpersonal nach, ob es eine Möglichkeit gibt, sie vor der ganzen Schlange abzufertigen. Jeder wird dafür Verständnis haben.

Das Zauberwort in USA für alle Gelegenheiten ist: „Excuse me!", egal ob Sie an jemandem vorbei müssen oder etwas fragen möchten. Sollten Sie versehentlich jemandem auf den Fuß steigen, werden Sie aber ein „I am sorry!" über die Lippen bringen.

Auf das bekannte „Hello, how are you?" brauchen Sie keine ausführliche Auskunft zu geben. Es hat die gleiche Bedeutung wie das „ça va?" im Französischen und ist eine reine Höflichkeitsfloskel. Ein einfaches „Hello, thank you, I am fine. (And how are you?)" ist mehr als ausreichend.

Chinesen achten sehr darauf, dass niemand sein Gesicht verliert. Versuchen Sie, sich danach zu richten. Wenn Sie durch eine Tür gehen, werden Sie feststellen, dass schon hierbei überlegt wird, wer der Ranghöchste ist. Sollten Sie sich diese Position herausnehmen und als Erster durch eine Tür gehen, kann es sein, dass der ranghöchste Chinese sein Gesicht verloren hat und dies eventuell auch durch Betrübtsein oder Ähnliches zum Ausdruck bringt. Respektvolles Benehmen ist in China ganz besonders wichtig.

Beziehungen sind in China das A und O. Hier kann sogar eine einfache Putzfrau durch ihre Beziehungen höher angesehen sein als ein Manager, der keinerlei soziale Beziehungen hat. Als Ausländer haben Sie allerdings etwas, was die Chinesen gerne hätten: Beziehungen nach Deutschland. Deshalb werden Sie nicht nur einmal nach Ihrer Visitenkarte gefragt. Übergeben Sie die Visitenkarte mit beiden Händen (siehe auch Japan). Es lohnt sich, Ihre Visitenkarte in Deutsch und Englisch zu drucken. Visitenkarten werden fast so oft überreicht, wie Sie jemand die Hand geben.

Lektion 4: Small Talk fördert die Geschäftsbeziehungen

Small Talk ist nicht nur im Privatleben, sondern auch im Job wichtig. Die leichte Plauderei über nette Themen sorgt dafür, dass Sie mit Menschen ins Gespräch kommen, die für Sie interessant sind. Wie Sie auf andere zugehen, das richtige Thema finden und worauf Sie speziell im Small Talk mit Frauen achten sollten, lesen Sie in diesem Kapitel.

Als Geschäftsmann muss man gut plaudern können. Nicht selten kommt über das locker-leichte Gespräch ein neuer Kundenkontakt oder ein Auftrag zustande. Bei einem Essen, einer Reise, einem Empfang ist also immer die nette, unkomplizierte Unterhaltung gefragt. Das Problem beim Small Talk ist nur: Man trifft auf unbekannte Menschen und muss die richtigen Worten finden, um das Eis zu brechen. Die Meister des Small Talks finden wir in den USA. Selbst eine Kassiererin im Supermarkt versteht es ausgezeichnet, uns in ein leichtes kurzes Gespräch zu verwickeln, das das Leben angenehmer macht. Auf Kunden spontan zugehen, im Kollegenkreis locker plaudern, ohne zu lästern, unangenehme Schweigeminuten im Lift überspielen – das möchten wir alle können. Doch wie geht das?

So werden Sie Small-Talk-Profi

Nachdem wir bereits nach wenigen Sekunden des Kennenlernens einen ersten Eindruck von einer Person haben, laufen anschließend eine Menge unbewusster Bewertungsprozesse ab. Nach einer halben Minute haben wir die Eindrücke, die ein Mensch bei uns hinterlässt, in innere Schubladen gesteckt: Geht der andere auf mich ein? Zeigt er Interesse an mir? Möchte ich mehr von ihm erfahren?

Wie zeigt man Interesse an anderen?

Indem man Fragen stellt, aufmerksam zuhört und nicht pausenlos von sich selbst redet. Andere sprechen auch am liebsten über sich selbst und genau dieses Wissen können Sie sich zu Nutze machen.

Stellen Sie offene Fragen, auf die Ihr Gegenüber nicht nur mit Ja oder Nein antworten kann. Dies erreichen Sie durch den Einsatz von „W-Fragen", also Fragen, die mit wann, wie, wo, was beginnen.

Hören Sie Ihrem Gesprächspartner intensiv zu, zeigen Sie ihm Ihre Aufmerksamkeit. Er wird dies sehr positiv aufnehmen. Halten Sie dabei Blickkontakt und bestätigen Sie seine Worte mit ehrlichem Interesse. So wirken Sie schnell als sympathischer Small Talker.

Tipp: Sprechen Sie nur ernst gemeintes Lob aus. Geheucheltes Interesse erkennt Ihr Gegenüber an Ihren Augen.

Wie beginnen Sie einen Small Talk auf einer Veranstaltung?

- Finden Sie Gemeinsamkeiten.
  Ort, Umfeld und der Anlass, der Sie zur Veranstaltung führt, sind die besten Gesprächsöffner.

Tipp: Hier einige Gesprächsöffner, wenn Sie den Gesprächspartner schon kennen:
  - „Wie gefällt Ihnen die Stadt bzw. das, was Sie bisher davon gesehen haben?"
  - „Wie sind Sie denn angereist? Mit dem Auto oder mit der Bahn?"
  - „Wo werden Sie denn Ostern/den Sommer/Weihnachten verbringen? Haben Sie schon alle Vorbereitungen dafür getroffen? ...

Sollten Sie die Hobbys bereits kennen:
- „Was macht denn Ihr Handicap beim Golfen?"
- „Wann haben Sie den nächsten Trecking-Urlaub geplant?"
- „Wie war der Tauchurlaub in Ägypten?"

- Suchen Sie sich mehrere Gesprächspartner.
Gestalten Sie sich den Abend oder eine Veranstaltung doch genau so, wie Sie es möchten: interessant und informativ. Suchen Sie sich ruhig viele Gesprächspartner.
- Wechseln Sie nach fünf Minuten den Gesprächspartner.
Es ist nicht unhöflich, Unterhaltungen nach kurzer Zeit freundlich zu beenden. Im Gegenteil: Sich nur einem einzigen Gast zuzuwenden, wäre unhöflich. Sie brauchen sich nicht zur Toilette zurückziehen,

sondern sagen, wie es ist: „Es hat mich gefreut, Sie kennen zu lernen. Ich würde jetzt ganz gerne noch mit ein paar anderen Leuten reden." und verabschieden sich freundlich. Eine Variante hierzu ist: „Ich sehe gerade einen Kollegen, den ich unbedingt noch begrüßen möchte. Sie entschuldigen mich bitte – wir sehen uns vielleicht noch später?".

Oder Sie reichen den Partner weiter nach dem Motto „Darf ich vorstellen, meine Kollegin Frau Huber. Sie ist übrigens auch vor kurzem aus München hierher gezogen, genau wie Sie ..." Dann gehen Sie, beispielsweise mit den Worten: „Es wird Zeit für mich, einen Happen zu essen. Sie entschuldigen mich sicher ..."

Eine weitere Möglichkeit, den Gesprächspartner zu wechseln, besteht darin, gemeinsam zur Bar oder zum Büffet zu gehen. Auf dem Weg dorthin ergibt sich sicher ein neues Gespräch mit einem anderen Gast. Sollten Sie Interesse haben, mit Ihrem gerade kennen gelernten Gesprächspartner in Kontakt zu bleiben, tauschen Sie Ihre Visitenkarten aus. Tun Sie dies aber wirklich nur dann, wenn Sie im Gespräch bleiben wollen. Alles andere ist nicht ehrlich und bringt beiden Seiten nichts.

Small Talk mit dem Chef

Was tun Sie, wenn Sie Ihren Chef am Samstag beim Einkaufen in der Stadt treffen? Die Straßenseite wechseln? Das wäre nicht so gut. Natürlich grüßen Sie ihn freundlich und warten ab, ob er stehen bleibt und ein Gespräch mit Ihnen beginnt.

Beachten Sie in dieser Situation bitte die Privatsphäre Ihres Vorgesetzten und führen Sie auf keinen Fall ein Gespräch über Geschäftsangelegenheiten mit ihm. Sprechen Sie über das Wetter, das neue Café um die Ecke oder die schwierige Parkplatzsituation in der Innenstadt.

Small Talk mit Vorgesetzten sollte nicht unterwürfig sein, sondern auf Augenhöhe. Aber Vorsicht, unterschwellig schwingt das Abhängigkeitsverhältnis mit. Denn die Unterhaltung mit Ihrem Vorgesetzten steht immer in einem beruflichen Kontext. Das heißt, Ihre Meinung ist zwar gefragt, sollte aber stets positiv formuliert sein. Wenn Sie sich hierbei bewähren, fördert es Ihre Karriere sicherlich.

Sind Sie bei Ihrem Chef zu Hause eingeladen und werden dabei mit seinen halbwüchsigen Kindern bekannt gemacht, fragen Sie besser nicht nach den Schulnoten. Um ein kleines Gespräch in Gang zu setzen, fragen Sie lieber nach den Hobbys oder der aktuellen Lieblingsband.

Small Talk mit Kollegen

Wie steht's mit den Flurgesprächen im Büro? Oder mit Unterhaltungen im Lift? Privates ist nicht grundsätzlich tabu. Reden Sie ruhig über sich und gestalten Sie so Ihr Image. Erzählen Sie, dass Sie am Wochenende im Kino waren oder welchen Sport Sie getrieben haben. So stillen Sie die Neugier der Kollegen an Ihrer Person und machen sich sympathisch. Werden Sie aber nicht intim. Eheprobleme, Gehaltsdiskussionen oder Krankheiten gehören nicht in den Kollegenkreis.
Stellen Sie Ihren Kollegen Fragen und hören Sie aufmerksam zu. Lassen Sie Ihre Gesprächspartner ausreden. Sprechen Sie niemals schlecht über andere, vor allem wenn diese nicht anwesend sind. So werden Sie als sympathischer, höflicher Mensch wahrgenommen und fördern nicht zuletzt auch Ihre Karriere.

Small Talk mit Geschäftspartnern

Schaffen Sie nach Ankunft des Gesprächspartners eine entspannte Gesprächsatmosphäre. Stellen Sie dem Gast eine (nicht geschäftliche) Frage und lassen Sie ihn zunächst über sich erzählen. Die übliche Frage „Wie war die Anreise?" ist dabei nicht sehr originell. Seien Sie etwas kreativ und fragen Sie „Sind Sie trotz der Baustelle auf dem Mittleren Ring gut durchgekommen?" oder „Wie gut kennen Sie die Münchener Innenstadt? Waren Sie schon öfter hier?". Oder versuchen Sie es einfach mit den Gesprächsöffnern, die wir oben erwähnt haben. Lästern Sie bitte nie über Ihr Unternehmen und jammern Sie auch nicht wegen der schlechten Auftragslage. Seien Sie sympathisch und höflich. Üben Sie Zurückhaltung bei Klatsch und Tratsch.

Darüber spricht Mann

Wichtig beim Small Talk ist die Auswahl des richtigen Themas. Ziel ist es, über zunächst oberflächliche Themen einige Gemeinsamkeiten zu finden, über die man dann intensiver sprechen kann. Das viel strapazierte Thema „Wetter" kann auf einer Gartenparty die Basis für ein interessantes Gespräch über die Badeseen im Umland sein.

Keiner erwartet in einer Small Talk-Situation von Ihnen, dass Sie tiefschürfende Aussagen über Wissenschaft, Politik oder die strategische Ausrichtung des Unternehmens von sich geben. Menschen in Small Talk-Situationen möchten sich entspannt unterhalten und keine Probleme lösen. Geeignete Themen sind:

- Region, Stadt, Land
- Natur
- Geburtsort
- Lokale oder überregionale Nachrichten (bei Katastrophen-Nachrichten vorsichtig sein!)
- Reisen, Urlaub, Wochenendausflug
- Sport
- Autos
- Literatur, Zeitungen, Zeitschriften
- Kunst, Filme und Fernsehen
- Essen und Trinken (Restauranttipps, Wein, Zigarren)
- Computer, Handys, Internet
- Möbel

Tipp: Männer sollten Small Talk niemals dazu missbrauchen, Ihren Status herauszustellen. Wenn Ihr Gesprächspartner äußert, dass er Reihenhäuser für sehr teuer hält, müssen Sie nicht gleich hinzufügen, dass Sie Villenbesitzer sind. Auch die sündhaft teure Armbanduhr ist kein Thema, wenn Ihr Gegenüber auf Uhren offensichtlich keinen Wert legt.

Worüber redet Mann mit Frauen?

Gibt es noch Spezielles zum Small Talk mit Frauen zu beachten? Schließlich treffen Sie auf der Managementebene immer häufiger auf weibliche Vorgesetzte. Denken Sie einfach daran, dass die meisten Frauen nur ungern über das Abschneiden des Audi A4 bei der Pannenstatistik, über Ihre Hobbywerkstatt im Keller oder Ihre Vorliebe für deftige Speisen reden. Sicher gibt es auch Frauen, die sich für diese Themen begeistern werden, aber allzuviele dürften es nicht sein. Zu den Themen, mit denen Sie besonders bei Frauen auf offene Ohren stoßen können, gehören ganz sicher:

- Kultur
- Psychologie
- Mode
- Wellness
- Reisen
- Kino und Fernsehen
- Familie
- Einrichtungsstile

> **Tipp:** Geben Sie nicht zu viel von sich preis. Frauen haben gute Antennen, wenn es um Zwischenmenschliches geht, und Small Talk kann nun einmal viel über Sie als Menschen und Ihre Beziehungen verraten.

Bekommen Sie ein Kompliment, bedanken Sie sich für dieses. Sollte man Ihnen sagen: „Das ist aber eine schöne Krawatte." Antworten Sie nicht mit den Worten: „Das alte Ding? Mir war es fast peinlich, sie heute zu tragen." Solche Kommentare implizieren, dass die Person, die ihnen das Kompliment gemacht hat, keinen guten Geschmack hat. Ein einfaches Danke, auf ein Kompliment ist die beste Reaktion. Als selbstbewusster Mensch können Sie Komplimente lächelnd und dankend annehmen.

Darüber spricht Mann nicht

Einige Tabus sollte man bei der Themenwahl beachten. Die Frage „Hast Du zugenommen?" wird auch mit dem Nachklapp „ ... steht Dir aber gut." nicht besser.
Allein Ihr Fingerspitzengefühl entscheidet, welche Themen zur aktuellen Gesprächsrunde passen. Sie sollten beispielsweise niemals einem Arzt auf einer Party Ihre Krankengeschichte erzählen, damit stellen Sie sich schnell ins Abseits. Tabuthemen sind:
- Geld
- Krankheiten
- Politik
- Religion
- Verletzende Themen (alt/dick/grau)
- Ehe- oder Partnerschaftsprobleme
- Negatives über gemeinsame Bekannte

Auch die folgenden Frageeinstiege sollten Sie meiden:

- „Woher kennen Sie beide sich?"
- „Woher kenne ich Ihren Namen nochmal?"
- „Sie erinnern sich nicht mehr an mich, oder?"
- „Darf ich fragen, welche Marke das ist?"
- „Essen Sie das alles auf?"

Vermeiden Sie Witze zu erzählen, die für die Zuhörer peinlich sein könnten. In reinen Männerrunden mag der ein oder andere Witz zwar ganz gut ankommen, bedenken Sie aber bitte, dass Sie es beim Small Talk mit fremden Menschen zu tun haben und Sie sich nicht zu vertraut geben sollten. Humorvolle, selbstironische Bemerkungen kommen im Small Talk sicher gut an.

Halten Sie sich auch in Anwesenheit von Fremden beim Fluchen oder Schimpfen zurück. Während eines Small Talks werden keine leeren Drohungen, Angebereien oder Jammereien zum Besten gegeben. Vermeiden Sie auch ins Fachsimpeln zu verfallen. Nicht jeder kennt die Geheimsprache Ihres Berufsstandes.

Fragen Sie niemals eine Frau, ob Sie schwanger ist, oder ob Sie das Kind inzwischen bekommen hat.
Wollen Sie jemanden zitieren, sind sich aber nicht sicher, ob das Zitat hundertprozentig stimmt, lassen Sie den Autor lieber weg.
Behaupten Sie auch nicht, Sie hätten eine Film gesehen oder ein Buch gelesen, von dem Sie nur die Kritiken kennen. Eine Diskussion über ein unbekanntes Werk könnte peinlich werden für Sie.
Wenn beim Small Talk in der Gruppe Themen besprochen werden, von denen Sie keine Ahnung haben, outen Sie sich als Laie und fragen einfach nach. So erweisen Sie sich als guter Zuhörer und wirken sympathisch.

Ein Gentleman weiß, dass „Danke" und „Bitte" immer noch die Zauberworte sind.

Vermeiden Sie Verallgemeinerungen

Mit Aussagen wie „Japanische Autos sind nichts für deutsche Führungskräfte." oder „Frauen können nicht einparken." machen Sie sich keine Freunde. Reden Sie anderen aber auch nicht nach dem Mund, sondern bleiben Sie sich und Ihrer Meinung treu. Als Fähnchen im Wind bezeichnet zu werden ist auch nicht förderlich.

Small Talk im Ausland

Sind Sie in Norwegen oder Dänemark, sollten Sie Themen über die europäische Integration oder Alkohol vermeiden. Hier empfiehlt es sich, über die Landschaft, Ibsen oder Grieg zu sprechen.

Im Small Talk mit Franzosen können Sie punkten, wenn Sie sich in der französischen Geschichte auskennen. Gute Themen sind auch das Essen und die französischen Weine.

In Italien sollten Sie vor allem Themen wie Mafia, Süd-Tirol oder Innenpolitik nicht ansprechen. Sie machen sich sicherlich mehr Freunde in Italien, wenn Sie nach der Familie fragen oder sogar von Ihrer Familie erzählen.

Ähnlich verhält es sich in Spanien. Hier ist die Frage nach der Familie ein sicherer Trumpf, aber das Thema Stierkampf oder ETA sollten Sie meiden. Spanien und Portugal zu vergleichen ist in beiden Ländern ein No-No.

In Großbritannien ist die Frage nach der Familie ein absolutes Tabu. Die Iren gelten zwar als sehr humorvolle Menschen, doch bei den Themen Innenpolitik, Verhältnis zu Großbritannien, Terrorismus und Nordirland-Konflikt hört für sie der Spaß auf.

Super-Bowl statt Irak-Krieg

US-Amerikaner auf Innenpolitik, Religion oder ihren überschwänglichen Patriotismus anzusprechen, wäre ein Fauxpas. Kennen Sie sich mit amerikanischen Sportarten oder dem anstehenden „Super Bowl" aus, sind Sie bestens gewappnet. Sehr beliebt ist auch immer die Frage nach der Herkunft der Familie. Voller Stolz werden Sie dann erfahren, aus welcher Region Europas die Großväter oder Urgroßmütter stammen. Das Thema auf Deutschlands Autos und vor allem Autobahnen zu lenken, ist immer ein Treffer.

In den baltischen Ländern Estland, Lettland und Litauen sollten Sie die Probleme mit der Integration der russischen Bevölkerung nicht ansprechen. Vermeiden Sie auch, alle drei Staaten in einen Topf zu werfen, betonen Sie besser die jeweiligen nationalen Eigenheiten. Die historischen Stadtzentren von Tallin (Estland) und Vilnius (Litauen) gehören beispielsweise zum Weltkulturerbe und bieten sich als Small-Talk-Themen hervorragend an.

Ein großer Fauxpas ist es, in der Tschechischen Republik die alte Bezeichnung „Tschechei" zu verwenden. Halten Sie sich streng an die offizielle Länderbezeichnung oder sagen Sie alternativ „Tschechien". Die Tschechen empfinden uns Deutsche als plump und überheblich auftretend. Mit einer vornehm zurückhaltenden Art werden Sie sich dort also eher Freunde machen.

Übung 24:

Sie treffen am Samstag Ihren Vorgesetzten in der Stadt beim Einkaufen. Worüber unterhalten Sie sich?

Übung 25:

Über welche Themen plaudern Sie bei Flurgesprächen im Büro? Oder mit Kollegen im Lift?

Übung 26:

Über welche Themen sollten Sie im Small Talk nicht sprechen?

Übung 27:

Sie haben bereits zehn Minuten mit einem Gast auf einer Vernissage geplaudert, möchten aber langsam den Gesprächspartner wechseln. Wie kommen Sie galant aus der Situation?

Lektion 5:
Stilvoll mit Kunden kommunizieren

Kunden zu binden gehört heute zu den wichtigsten Unternehmenszielen. Einen guten Stil sollten Sie deshalb beweisen, wenn Sie mit Ihren Kunden kommunizieren – sei es per Brief, Mail oder Telefon. In diesem Kapitel erfahren Sie, wie Sie sich stets freundlich-verbindlich ausdrücken und den richtigen Ton treffen.

Viele Geschäftsmänner denken nur an den Umsatz, wenn Sie Kunden Angebote, Rechnungen oder auch Mahnungen schicken, eine Mail senden oder ein Telefongespräch führen. Vergessen Sie nicht, dass Kunden nicht nur kaufen wollen, sondern auch an guten Beziehungen interessiert sind. Was für Verkäufer schon lange selbstverständlich ist, nämlich die Ausrichtung aller Aktivitäten auf den Kunden, haben sich inzwischen alle Mitarbeiter von Unternehmen zum Ziel gesetzt. Produkte werden immer austauschbarer, Preise transparenter und Serviceangebote vergleichbarer. Das einzige verbleibende Alleinstellungsmerkmal (Unique Selling Proposition) für Unternehmen, die einzige Möglichkeit, sich vom Wettbewerb abzuheben, ist die Qualität ihrer Kundenbeziehungen.

Korrespondieren Sie kundenfreundlich

Auch wenn wir im Zeitalter der Telekommunikation leben, wird es weiterhin Bereiche mit schriftlichen Kundenkontakten geben – per Brief, Fax oder E-Mail. Da jeder schriftliche Kontakt „archiviert" werden kann, ist es besonders wichtig, aus jeder Art von „Postausgang" eine vorzeigbare Visitenkarte des Unternehmens zu machen.

Kundenorientierung in Geschäftsbriefen, E-Mails und Faxen

Kundenorientierte Korrespondenz sollte kurz, konkret und positiv sein. Doch scheinbar fällt es vielen Menschen schwer, beim Schreiben den richtigen Ton zu treffen. Dabei sollten wir uns im Ge-

schäftsleben bewusst machen, dass schlecht geschriebene Briefe oder E-Mails am Ende das Image des Unternehmens und Sie selbst schädigen.

Der richtige Stil in der Korrespondenz gehört heute ebenso zu den modernen Umgangsformen wie das persönliche Auftreten beim Kunden. Sie kommen bei anderen einfach besser an, wenn Sie bestimmte Regeln beachten. Auch wenn hinter ungeschickten Formulierungen oder Nachlässigkeiten beim Inhalt keine böse Absicht steckt, sie können das Verhältnis zum Empfänger empfindlich stören. Wir zeigen Ihnen nun, wie Ihre Korrespondenz Ihre Kunden- und Service-Orientierung und die Corporate Identity Ihres Unternehmens widerspiegelt und welche typischen „Korrespondenzfehler" Sie vermeiden sollten.

Tipp: Schreiben Sie private Briefe nicht auf Geschäftspapier.

Korrekte Anschriften und schriftliche Anrede

Die Anschrift für Privatpersonen im Inland enthält:
1. die Anredeform: Herrn/Frau
2. eventuelle Titel und Grade, Vorname, Name
3. Straße oder Postfach und Nummer
4. Postleitzahl und Ort

In ausländischen Anschriften wird das Nationalitätskennzeichen nicht vor der Postleitzahl angegeben, Ort und Landesangabe sollten in Großbuchstaben geschrieben werden:
Rocher Arzneimittel
Züricher Strasse 123
4051 BASEL
SCHWEIZ

Tipp: Schreiben Sie bei Briefen ins Ausland, wenn möglich, den Namen der Stadt in der Landessprache. Also statt „Mailand" besser „Milano".

„Eheleute" und das ehefrauenfeindliche „Herrn und Frau Vorname des Mannes Familienname" sind nicht mehr üblich. Auch „Familie Jürgen Kramer" ist altmodisch und patriarchalisch. Die Familienmitglieder sind hier namenlos geworden. Eine solche Anschrift passt nicht in das 21. Jahrhundert. Die Anschrift „Familie Kramer" hingegen ist noch gängig, aber recht unpersönlich. Zeitgemäß hingegen sind:

● „Frau und Herrn Christina und Jürgen Kramer"
● „Herrn Jürgen und Frau Christina Kramer"
● „Frau Christina und Herrn Jürgen Kramer"
● „Frau Dr. med. Maria Koch-Huber und Herrn Dr. Axel Koch"

Korrekte Anschriften bei Firmen

Hier gilt:
● das Wort „Firma" wird heute nicht mehr erwähnt:
„Anton Müller & Co. KG" ist richtig,

● „z. Hd." für „zu Händen" ist out und wird weggelassen,

● „c/o" für „care of" (in der Obhut von) ebenfalls,

● steht die Firma in der ersten Zeile, darf eine andere als die in der zweiten Zeile erwähnte Person das Schreiben öffnen. Steht eine Person vor dem Firmennamen, darf nur diese Person den Brief öffnen. Leider wird das nur in wenigen Unternehmen berücksichtigt, gehen Sie also mit gutem Beispiel voran. Zur Verstärkung des vertraulichen Charakters des Briefes können Sie auch das Wort „Persönlich" vor die Anschrift setzen.

Tipp: Sind Sie längere Zeit in Urlaub oder krank, lassen Sie sich die persönliche Post entweder nachsenden oder finden Sie eine Person Ihres Vertrauens, die Ihre Post sichtet.

Besonderheiten

Adlige ohne Rangbezeichnung:

Anrede Herr/Frau Vorname – von o.ä. – Familienname,
also: „Frau Maria von Hohenadel"

Adlige mit Rangbezeichnug:

Keine Anrede Frau/Herr,
Vorname Adelsbezeichnung Familienname:
„Mathilde Gräfin von und zu Hohenadel"

Amts- und Mandatsträger:

Wenn Ihnen die Amtsbezeichnung einer Person bekannt ist, setzen
Sie diese in der Brief-Anschrift auch ein. Achten Sie aber unbedingt
auf die Aktualität der Funktion.
„Herrn Dr. Holger Mann
Vorsitzender des Verbands der Metallindustrie"

Repräsentanten des Staates

Sie werden mündlich und schriftlich mit ihrer Amtsbezeichnung angesprochen.

Herrn Bundespräsident
Horst Köhler
Bundespräsidialamt
Spreeweg 1
10557 Berlin

Im Brief: Sehr geehrter Herr Bundespräsident, ...
Mündlich: „Herr Bundespräsident"

Nach Beendigung ihrer Amtszeit

werden Repräsentanten des Staates mündlich und schriftlich mit ih-
rem Namen bzw. akademischen Titeln angesprochen.
Der ehemalige Bundeskanzler Helmut Kohl wird demnach mit „Herr
Dr. Kohl" angesprochen und nicht mit „Herr Bundeskanzler a.D.".
In der Brief-Anschrift darf das „a.D." jedoch weiterhin benutzt wer-
den.

Akademische Grade

Bei Titelhäufungen verwenden Sie wie in der mündlichen Anrede nur den höchsten Titel:

Herr Prof. Dr. Anton Müller =
„Sehr geehrter Herr Professor Müller"

Schreiben Sie „Professor" aus, „Dr." können Sie abkürzen und verzichten auf Spezifizierungen wie „h.c.", „med." oder Ähnliches. Die Titel Diplom-Ing. oder Diplom-Kaufmann und M.A. werden in Deutschland in der Anrede nicht genannt.

Weibliche Titelträgerinnen:

„Frau Professor Dr. Karin Schmidt" oder
„Frau Professorin Dr. Karin Schmidt"

Berufsbezeichnungen:

z.B. „Rechtsanwalt", „Steuerberater" oder „Journalistin" können Sie weglassen.

Diplomatie:

Botschafter sind die höchsten Vertreter ihres Landes im Ausland. Gehen Sie deshalb mit viel Umsicht und Respekt mit deren Anreden um. In der Anschrift sprechen Sie Botschafter immer an mit:
Seine Exzellenz (Botschafter)
Ihre Exzellenz (Botschafterin)
Ihre Exzellenzen (Botschafter-Ehepaar)

Seiner Exzellenz
dem Botschafter der USA
Daniel R. Coats
Neustädtische Kirchstr. 4–5
10117 Berlin

Sehr geehrter Herr Botschafter, ...

Bei einer Einladung schreiben Sie:
Seine Exzellenz
Herrn Botschafter
(akademischer Grad) Vorname Nachname

Ehemalige Botschafter/innen

sprechen Sie mündlich und schriftlich mit ihren akademischen Graden und Namen an. In der Anschrift können Sie auf die ehemalige Funktion verweisen.

Frau
Dr. Ingrid Schäfer
Botschafterin a.D.
Strasse
PLZ Ort

Sehr geehrte Frau Dr. Schäfer, ...

Im Anhang finden Sie eine Übersicht über die wichtigsten Anreden und Anschriften.

Wirkungsvolle Texte verfassen

Schreiben Sie Ihre Nachrichten verständlich und in kurzen Sätzen. So können Sie davon ausgehen, dass der Empfänger die Botschaft besser versteht und es nicht zu Missverständnissen kommt.
Auf den manchmal noch üblichen Vermerk „Betr.:" können Sie in der modernen Korrespondenz verzichten. Die Zeile und ihr Inhalt bleiben aber bestehen und werden meist mit Fettschreibung hervorgehoben.

Verschiedene Eröffnungen

Sehr geehrter Herr Dr. Müller	förmlich
Sehr geehrter, lieber Herr Dr. Müller	vertraut
Guten Tag, Herr Dr. Müller	modern
Hallo Herr Müller	locker

Eine handschriftliche Anrede verleiht dem maschinengeschriebenen Brief eine persönliche Note, z.B. bei Weihnachts- oder Geburtstagsgrüßen.

Beginnen und enden Sie außergewöhnlich

Die meisten Briefe beginnen mit „*Sehr geehrte Frau Meier*" und enden „*Mit freundlichen Grüßen*". Dieser Standard ist langweilig. Schaffen Sie eine freundliche Atmosphäre. Der Empfänger wird positiv überrascht sein.

Liebe Andrea Meier, ...
Guten Morgen, liebe Frau Bauer, ...
Willkommen zu Hause, lieber Herr Becker, hatten Sie einen schönen Urlaub? ...
Danke für den Auftrag, liebe Frau Huber, ...

Viele herzliche Grüße!
Es grüßt Sie Ihre...
Für heute herzliche Grüße!
Es grüßt Sie bis zum nächsten Mal ...
Herzliche Grüße, bitte auch an Herrn Müller ...
Besten Dank und freundliche Grüße!
Herbstliche Grüße aus München!

Tipp: Nennen Sie innerhalb des Briefes ab und zu den Namen des Empfängers. Dies macht den Brief lebhafter. Aber übertreiben Sie es nicht.

Übung 28:
Wie schreiben Sie den Präsidenten des Gewerbeverbandes korrekt an?

Übung 29:
Ist „Herrn und Frau Fischer" in Deutschland noch eine gängige Variante, wenn man ein Ehepaar anschreiben möchte?

Übung 30:
Wird in der Anrede im Brief „Dr." abgekürzt, „Professor" aber ausgeschrieben?

E-Mail-Knigge

Die Anzahl der Geschäftsbriefe wurde durch den Einsatz von E-Mails erheblich reduziert. Es gibt keinen Grund dafür, dem Inhalt und dem Stil einer E-Mail wenig Aufmerksamkeit zu schenken. Eine E-Mail kann ausgedruckt werden und erhält damit den gleichen Stellenwert wie ein Brief. Wenn Sie nachfolgende Regeln beachten, wird auch Ihre E-Mail-Korrespondenz die gewünschte Wirkung erzielen. E-Mails sind Schriftstücke! Achten Sie also auf die Formulierung.

Antworten Sie schnell

Auf E-Mails reagieren Sie möglichst am gleichen Tag, spätestens aber am zweiten Tag. Auch wenn noch keine Auskunft gegeben werden kann, sollte der Absender eine kurze Empfangsbestätigung mit dem Hinweis auf eine baldige, ausführliche Antwort erhalten. Dies gilt natürlich auch für die Korrespondenz per Brief. Haben Sie ein Angebot oder eine Bewerbung erhalten, aber keine Zeit dies zu bearbeiten, da Sie noch auf weitere Zusendungen warten, geben Sie den ersten Absendern bitte ein kurzes Feedback per Telefon oder E-Mail. Sich auf ein angefordertes Angebot gar nicht mehr zu melden gehört sich nicht.

Bloß keine Cyber-Sprache

In der Internet-Sprache übliche Abkürzungen oder Schreibweisen (fyi, mfg, asap,...) haben in geschäftlichen E-Mails nichts zu suchen.

Keine Massen-Mails weiterleiten

Gruppen-Mails sind zulässig, um einen guten Witz an Kollegen zu verschicken. Ansonsten nicht.

> **Tipp:** Ist Ihr E-Mail-Postfach täglich mit mehr als 20 Nachrichten gefüllt, arbeiten Sie diese wie die Briefpost ab. Öffnen Sie alle E-Mails und legen Sie Prioritäten fest. Konzentrieren Sie sich zunächst auf die Mails, die direkt an Sie gesendet wurden. CC-Mails sind für Sie zweitrangig, da Sie Ihrer Information dienen, aber meist kein Handeln erfordern.

Die Form einer E-Mail

- Betreffzeile immer ausfüllen (kurze Inhaltsangabe).
- Achten Sie auf die richtige Anrede.
- Nie ohne formelle Verabschiedung die E-Mail beenden.
- Auf die Form achten, z.B. nie alles in Großbuchstaben schreiben (bedeutet in der Internetsprache, dass man schreit!). Gerade weil Ihre Mails in erster Linie auf dem Bildschirm gelesen werden, sollten Sie besonderen Wert auf Klarheit und Deutlichkeit legen. Wenn Sie Groß- und Kleinschreibung nicht unterscheiden, erschweren Sie dem Adressaten das Lesen Ihrer Nachricht. Bilden Sie Absätze, damit man den Text leichter lesen kann.
- Fassen Sie sich kurz und beschränken Sie sich auf das Wesentliche.
- Versuchen Sie, Tipp- und Rechtschreibfehler zu vermeiden. Eine von Fehlern strotzende Mail ist nicht lässig, sondern unhöflich und wirkt inkompetent.
- Verzichten Sie nie auf die Signatur. Eine Signatur sollten Sie im geschäftlichen E-Mail-Verkehr grundsätzlich anhängen. Die meisten E-Mail-Programme haben dafür eine spezielle Funktion. So können Sie sich sicher sein, dass der Empfänger Ihre Daten schnell parat hat. Schalten Sie die Funktion sowohl für neue E-Mails als auch für Antwort-E-Mails ein.
- Wenn Sie E-Mails an mehrere Personen senden: In geschäftlichen E-Mails werden alle Adressaten, die Ihre E-Mail direkt betrifft, in der Adresszeile aufgeführt. Diejenigen, die nur Kenntnis erhalten sollen, informieren Sie in der CC-Zeile (Carbon Copy, Kopie). Wenn Sie nicht möchten, dass die Adressaten in diesen beiden Feldern erfahren, dass die Nachricht noch an weitere Personen geht, setzen Sie diese in die BCC-Zeile (Blind Carbon Copy, Blindkopie).
- Senden Sie keine vertraulichen Informationen über das Netz.
- Versenden Sie Anlagen im Anhang der E-Mail, erklären Sie dem Empfänger kurz, was er im Anhang findet. Der Empfänger spart Zeit und das Bearbeiten ist leichter. Versuchen Sie auch den Anhang in der Kb-Größe so klein wie möglich zu halten. Komprimieren Sie die Anhänge.
- Vermeiden Sie es, E-Mails ewig hin- und herzuschicken, so dass ein ganzer Rattenschwanz von E-Mail-Konversation daranhängt. Spätestens ab der dritten E-Mail sollten Sie eine neue Mail verfas-

sen. Sollten die alten E-Mails für den Empfänger wichtig sein, können Sie sie als Anhang einfügen.

> **Tipp:** Im geschäftlichen E-Mail-Verkehr sollten Sie Ihre Worte so eindeutig formulieren, dass keine Emoticons wie z.B. :-) nötig sind. Die kleinen Symbole drücken in erster Linie Gefühle wie Lachen, Bedauern oder ein Augenzwinkern aus und sind nur im privaten Bereich angebracht.

Killerphrasen in Brief und E-Mail

Versuchen Sie, negative Nachrichten positiv zu verpacken. Sind Sie auch noch der Meinung, dass Mahnungen und Erinnerungen nur mit juristischen Phrasen wirksam sind? Wir nicht! Denn die Rechtskräftigkeit einer Erinnerung hängt nicht von einem unfreundlichen Ton ab. Aus unserer Sicht gehört zu einem professionellen Auftreten auch ein fairer, kooperativer Schreibstil. Und das geht auch bei unangenehmen Themen. Verzichten Sie außerdem auf Belehrungen („ …sollten Sie beachten …“) oder einen Befehlston („ …müssen Sie bis zum …“). Verwenden Sie auch nicht zu viele Fachausdrücke oder Fremdwörter. Sprechen Sie nicht von „maßgeschneiderten Solutions“ oder einem „erwarteten Statement“, auch wenn es schon fast Umgangssprache geworden ist.

Übung 31:
E-Mails dienen der schnellen Kommunikation zwischen Kollegen oder Geschäftspartnern. Muss man deshalb weniger auf Form und Stil achten?

Übung 32:
Verzichten Sie in der E-Mail darauf, den Inhalt einer angehängten Datei zusammenzufassen, da der Empfänger nicht alles doppelt lesen möchte?

Übung 33:
Wie viele Ansprechpartner schreiben Sie in die „An"-Zeile, wenn Sie eine Rundmail versenden?

Das angenehme Telefonat

Die meisten Geschäftskontakte beginnen am Telefon. Das Verhalten aller Mitarbeiter am Telefon hat also großen Einfluss auf die Außenwirkung des Unternehmens. Bestimmt ist Ihnen das auch schon passiert: Sie rufen in einer Firma an und eine müde, lasche Stimme meldet sich, die den Firmennamen so schnell herunterrattert, dass Sie glauben, sich verwählt zu haben. Wenn Sie dann nachfragen, ob Sie richtig verbunden sind, bekommen Sie noch eine schnippische Antwort.

Ihre akustische Visitenkarte

Ähnlich wie bei einer persönlichen Begegnung zwischen zwei Menschen entsteht bei Telefonierenden ein erster Eindruck. Dieser erste Eindruck wird durch unsere sprachlichen und stimmlichen Fähigkeiten geprägt. Um Ihren Eindruck beim Gesprächspartner positiv zu beeinflussen, achten Sie auf folgende Faktoren:

- klare Stimme
- gemäßigtes Sprechtempo
- Wortwahl
- Freundlichkeit
- Verbindlichkeit
- Körperhaltung

Diese ersetzen Ihr persönliches Erscheinungsbild.

Einen Anruf entgegennehmen

Das Wichtigste ist, dass Sie sich klar ausdrücken und dem anderen gut zuhören. Die Worte, mit denen ein Telefongespräch beginnt, haben ebenfalls großen Einfluss auf den Verlauf und Ausgang des Gesprächs.

Nur wenn Sie aktiv hinhören, können Sie auf die Bedürfnisse des Gesprächspartners eingehen. Notieren Sie sich ein Stichwort zum aktuellen Arbeitsvorgang, bevor Sie zum Hörer greifen. Der Anrufer will natürlich erst einmal wissen, ob er am Ziel angekommen ist. Daher sollte Ihre Meldeformel diese Elemente enthalten:

- Tagesgruß,
- Name des Unternehmens (Abteilung),
- Ihren Vornamen und Ihren Nachnamen.

„Guten Tag, Firma ABC, Buchhaltung; mein Name ist Sabine Müller." Oder „Guten Tag, Firma ABC, Buchhaltung; Sie sprechen mit Sabine Müller." Diese Reihenfolge hat den Grund, dass wir uns das zuletzt Gehörte am besten merken können.

Beachten Sie außerdem folgende Punkte:
- Geben Sie Ihrer Stimme einen freundlich-erwartungsvollen Klang. So reduzieren Sie das Risiko, teilnahmslos, überlastet oder entnervt zu klingen.
- Merken Sie sich den Namen des Anrufers. Falls Sie ihn nicht gleich verstanden haben, fragen Sie ruhig noch einmal nach. Sagen Sie aber nicht: „Wie war Ihr Name?" Besser ist: „Ich habe Ihren Namen nicht verstanden. Mit wem spreche ich?"
- Lächeln Sie am Telefon. Man hört es!
- Lassen Sie den Anrufer reden. Er hat ein Anliegen, das zum Anruf führte, nicht Sie!
- Betätigen Sie die Wartetaste, wenn Sie ein Nebengespräch führen oder einen Sachverhalt klären wollen. Legen Sie nicht die Hand auf die Muschel. Der Anrufer hört trotzdem noch, was Sie sagen.
- Müssen Sie jemanden verbinden, drücken Sie ihn nicht einfach weg, sondern lassen Sie ihn wissen, was Sie mit ihm vorhaben. Dieses Verfahren gilt sowohl für das Weiterverbinden als auch für die Klärung eines Sachverhalts.
- Sollten Sie Anrufe für Dritte annehmen, sagen Sie nicht: „Herr Meier ist gerade beim Mittagessen." oder „Er ist noch nicht im Haus." Sie wollen doch nicht den Eindruck erwecken, dass es in Ihrem Unternehmen nichts zu arbeiten gibt.

Organisieren Sie den Rückruf!

Die einfache Auskunft: „Herr Meier ist gerade telefonisch nicht erreichbar. Wie kann ich Ihnen behilflich sein?" oder „Herr Müller ist gegen 15:00 Uhr wieder zu erreichen, kann er Sie zurückrufen?" ist immer noch die kompetenteste und souveränste Weise, einen Anruf entgegenzunehmen. Notieren Sie Namen, Telefonnummer und Uhrzeit, wenn möglich noch ein Stichwort für den Grund des Anrufs, so kann ein Rückruf schnell und zielgerecht erledigt werden.

Was tun, wenn Verkaufsprofis anrufen?

Entscheiden Sie, ob Sie diese Gespräche führen möchten. Vertrösten Sie den Anrufer nicht auf einen späteren Zeitpunkt, denn er wird bestimmt anrufen und Sie haben damit das Problem nicht aus der Welt geschafft, sondern nur aufgeschoben. Haben Sie kein Interesse an dem Produkt, machen Sie dies dem Anrufer klar. Sie sparen sich und dem Verkäufer viel Zeit. Bleiben Sie aber freundlich bei der Formulierung der Absage.

Wenn Dritte dazukommen

Kennen Sie das? Sie haben ein persönliches terminiertes Gespräch und das Telefon klingelt? Vorrang hat immer das persönliche Gespräch. Entschuldigen Sie sich bei Ihrem Gesprächspartner und nehmen Sie das Telefonat an. Informieren Sie den Anrufer kurz, dass Sie gerade in einem Gespräch sind und schlagen Sie vor, zu einem späteren Zeitpunkt zurückzurufen. Halten Sie den Rückrufertermin ein. Besser ist es, das Telefon bei persönlichen Gesprächen auf Kollegen umzuleiten oder den Anrufbeantworter einzuschalten. Das Mobiltelefon sollte während persönlicher Gespräche ganz ausgeschaltet sein.

Aktiv zuhören

Denken Sie immer daran: Ihr Gesprächspartner hört Ihre Stimmung, Ihre Bereitschaft, Ihr Interesse.

- Konzentrieren Sie sich auf die wichtigsten Gesprächspunkte, machen Sie sich Notizen dazu.
- Kontrollieren Sie Ihre Gesichtszüge und Ihre Körperhaltung: Anspannung oder Langeweile kann man hören.
- Bleiben Sie aktiv, während Sie sprechen. Stehen Sie hin und wieder auf oder gehen Sie bei längeren Diskussionen herum.
- Halten Sie als Rechtshänder den Hörer in der linken Hand. So aktivieren Sie auch Ihre rechte Hirnhälfte: Das fördert Ihre Kreativität. Abgesehen davon können Sie sich Notizen machen.
- Senden Sie positive Signale: Stellen Sie Zwischenfragen, geben Sie kurze Zwischenantworten.

Einen Anruf tätigen

Rufen Sie jemanden an, nennen Sie nach dem Tagesgruß Ihr Unternehmen, Vornamen und Namen. Sprechen Sie den Angerufenen gleich mit seinem Namen an und nennen Sie den Grund Ihres Anrufs. Stellen Sie sich darauf ein, dass auf der anderen Seite ein Anrufbeantworter sein könnte. Legen Sie nicht enttäuscht auf. Sprechen Sie auf den Anrufbeantworter so, als würden Sie mit der gewünschten Person reden. Nennen Sie Firma, Namen und Grund Ihres Anrufs. Wollen Sie zurückgerufen werden, fügen Sie die Telefonnummer, unter der Sie zu erreichen sind, hinzu. Wenn Sie Tag und Uhrzeit mit angeben, kann der Angerufene die Aktualität Ihrer Nachricht prüfen.

Telefon-Etikette

- Gute Laune steckt an. Mit Freundlichkeit am Telefon kann man sogar verärgerte oder gestresste Gesprächspartner besänftigen und beruhigen.
- Setzen Sie Ihre Mimik und Gestik ein, Ihre Stimme wirkt dann lebendiger. Also bitte nicht mit abgestütztem Kopf an der Leitung „hängen".
- Reden Sie nicht ohne Punkt und Komma, sondern machen Sie Sprechpausen.
- Sprechen Sie den Gesprächspartner so oft wie möglich mit Namen an. Dies ist persönlicher und schafft eine vertraute Atmosphäre.
- Während des Telefonats bitte nicht rauchen, essen, trinken oder am Computer die letzte E-Mail weitertippen.
- Bilden Sie kurze Sätze: Mehr als zehn Wörter am Stück kann Ihr Gegenüber nicht vollständig erfassen.
- Schaffen Sie nicht Probleme, bieten Sie konkrete Lösungen: „Frau Schröder ist in einer Besprechung. Möchten Sie in einer Stunde noch einmal anrufen oder kann sie Sie zu einem anderen Zeitpunkt erreichen?"
- Wiederholen Sie wichtige Aussagen, fassen Sie Absprachen zusammen.
- Verabschieden Sie sich auch freundlich, wenn das Gespräch nicht zum gewünschten Ergebnis geführt hat. Einen schönen Nachmittag zu wünschen kostet Sie nichts, bringt Ihnen aber später vielleicht doch etwas.

Achten Sie auch darauf, dass Sie keine Killerphrasen verwenden, wie z.B.:

- Wie war der Name?
- Da sind Sie bei mir aber ganz falsch.
- Da haben Sie mich nicht richtig verstanden.
- Da kann ich Ihnen auch nicht helfen.
- Worum geht's denn überhaupt?
- Sie müssen mir schon zuhören.
- Wenn ich Sie mal unterbrechen darf ...
- Nein, das geht nicht.
- Das machen wir immer so.
- Wie stellen Sie sich das denn vor?
- Wir wissen schon, was wir machen.
- Für sowas haben wir hier gar keine Zeit.

Zügeln Sie Ihre Handy-Begeisterung

Lieben Sie Ihr Handy? Die meisten Geschäftsmänner tun es. Sie sehen in diesem kleinen Gerät nicht nur ein Kommunikationsmittel, sondern auch ein Statussymbol. Es sieht toll aus, gibt fantastische Geräusche von sich und zeigt, dass man gebraucht wird. Die Begeisterung für Handys ist verständlich. Aber es gibt Situationen, in denen Mann auch einmal ohne auskommen muss.

In einem Meeting stellen Sie das Handy aus. Wenn Sie es unbedingt anlassen müssen, weil Sie einen dringenden Anruf erwarten, bitten Sie um die Zustimmung aller Teilnehmer. Stellen Sie aber den Rufton vorher auf lautlos und verlassen Sie zum Telefonieren den Meetingraum. Schicken Sie keine SMS an Kunden oder Kollegen, sondern rufen Sie an. Das gilt gerade bei unangenehmen Botschaften.

Grundsätzlich sollten Sie im Umgang mit Handys Folgendes beachten:

- Wählen Sie einen dezenten Klingelton. Die neuesten Charthits wirken nicht sehr seriös. Die Mailbox-Ansage sollte von Ihnen persönlich aufgesprochen sein. Nennen Sie dabei zuerst den Tagesgruß und am Ende Ihren Namen. So hat der Anrufer die Chance zu verstehen, dass er auf der richtigen Mailbox gelandet ist.
- Ungelegene Anrufe drücken Sie nicht weg, sondern nehmen sie an und bieten einen Rückruf an.

- Geschäftskontakte finden in der Zeit von 8:00 bis 18:00 Uhr je nach Branche statt. Ausnahme: Sie haben etwas anderes vereinbart. Absolute Tabuzeiten sind zwischen 22:00 und 08:00 Uhr morgens.
- Unterdrückte Nummern sind unseriös. Man glaubt, Sie haben etwas zu verbergen. Ein Rückruf auf einen verpassten Anruf ist bei einer unterdrückten Nummer unmöglich.
- Das Handy ist kein Gürteltier. Auch wenn die kleinen Handytaschen für den Hosenbund praktisch sind, ist dies für den stilvollen Mann keine Lösung sein Handy bei sich zu tragen. Für Männer empfiehlt sich die Hosentasche. Dort spürt man den Vibra-Call am besten und kann das Mobiltelefon leise drehen. Achten Sie dabei darauf, dass Ihr Anzug keine Ausbeulungen davon trägt. Ein Anzug der „gespickt" ist von Brieftasche, Handy und Schlüsselbund könnte leicht etwas überladen wirken.
- Synchronisierung von E-Mails über das Handy benötigt keine Zuschauer. Organisatorische Dinge erledigen Sie bitte in aller Ruhe, wenn Sie ungestört arbeiten können.
- Holen Sie Ihr Handy auch nicht ständig hervor, um zu checken, ob Sie Nachrichten haben.
- Legen Sie ihr Handy bei Besprechungen nicht auf den Tisch. Dies signalisiert Ihrem Gesprächspartner die Bereitschaft, jederzeit die Unterhaltung zu unterbrechen und drückt Desinteresse am anderen aus.

Übung 34:
Ohne das Handy geht nichts mehr. Doch wann ist der Gebrauch des Handys wirklich nicht angebracht?

Übung 35:
Sie sind mitten im Gespräch und haben vergessen, Ihr Handy auszustellen. Drücken Sie das ankommende Gespräch jetzt einfach weg?

Übung 36:
Wie ist die korrekte Begrüßung am Telefon, wenn Sie jemanden anrufen?

Lektion 6: Meeting-Knigge

Meetings sind für Geschäftspartner oder Kollegen oftmals ärgerliche Veranstaltungen. Da werden sie zu diesem Arbeitstreffen nicht richtig eingeladen, wissen nicht, welche Aufgaben sie übernehmen sollen, müssen auf zu spät kommende Teilnehmer warten. Es wird also höchste Zeit, das Thema Meeting im Rahmen der Business-Etikette zu behandeln. Erfahren Sie, wie Sie Ihr nächstes Meeting so vorbereiten und durchführen, dass alle Teilnehmer sich wohl fühlen und konstruktiv zusammenarbeiten. Am Schluss geben wir Ihnen noch ein paar Tipps zu den „gefürchteten" Meetings mit Journalisten.

Meetings vorbereiten

Die Situation, ohne Agenda in einer Besprechung sitzen zu müssen und nicht zu wissen, warum man überhaupt eingeladen wurde, kennen Sie bestimmt. Viele Menschen betrachten Meetings als reine Zeitverschwendung. Die Gründe beginnen mit einer undetaillierten Agenda und enden mit einem unverbindlichen Protokoll ohne feste Aufgabenzuweisung. Deshalb ist eine gründliche Meetingvorbereitung wichtig.

Wie bereitet man eine Besprechung optimal vor?

Gehen Sie nach folgendem Schema vor:
1. Wer soll teilnehmen?
   Diese wichtige Frage ist abhängig vom Besprechungstyp (Verhandlung, Informationsveranstaltung, Schulung etc.). Zu bedenken ist, dass jeder unmotivierte Teilnehmer wertvolle Arbeitszeit verschwendet. Es sollten also nur Teilnehmer ausgewählt werden, die sinnvolle und wichtige Beiträge beisteuern können und über die entsprechende Entscheidungskompetenz verfügen.
2. Wie viele Teilnehmer?
   Fünf bis sieben sind ideal. Mehr als zehn sind unübersichtlich. Zur effektiven Lösungserarbeitung halten Sie den Teilnehmerkreis so klein wie möglich.

3. Wie lautet das Meeting-Ziel?

So erhalten Sie Klarheit und Überprüfbarkeit. Vereinbartes und Erreichtes kann später gut miteinander verglichen werden. Fragen Sie sich:

- Warum sitzen wir zusammen?
- Auf welche Weise wollen wir zu einem Ergebnis kommen?
- Wie stellen wir sicher, dass alle Teilnehmer effektiv und zielorientiert an der Erreichung des Ziels arbeiten? (Messbarkeit der Ergebnisse sicherstellen)
- Bis wann sollen Ergebnisse vorliegen?

4. Agenda/Tagesordnung erstellen und versenden

Die Agenda beinhaltet folgende Punkte:

- Wer soll teilnehmen?
- Wann und wo findet die Besprechung statt?
- Welche Themen sollen besprochen werden?
- Dauer und Abfolge der einzelnen Besprechungspunkte
- Welche Besprechungsziele gibt es?

Die Agenda ist der rote Faden jedes Meetings. Gibt es so einen Plan nicht, ist die Gefahr groß, sich zu verzetteln. Außerdem hat jeder Teilnehmer vorab die Möglichkeit, sich intensiv auf das Meeting vorzubereiten. Nicht selten werden Besprechungen aufgehalten, weil Mitarbeiter nicht alle Unterlagen dabei haben.

Mindestens eine Woche vor dem Termin sollte den Teilnehmern die Agenda zugehen, damit diese eventuell weitere Themen ergänzen können.

5. Besprechungsort richtig wählen

Beachten Sie bei der Auswahl des Besprechungsortes die Zusammensetzung der Teilnehmer. Kommen die Teilnehmer beispielsweise aus ganz Deutschland angereist, wählen Sie einen zentralen Meetingort z.B. in der Nähe von Flughäfen. Eventuell sollten Sie auch logistische Punkte wie Abholung am Flughafen oder Bahnhof mit Sammeltaxis oder Chauffeur-Service abklären. Bestuhlung, Catering und technisches Equipment vorab klären und reservieren.

Richtiges Verhalten im Kundenmeeting

Sie haben einen Termin bei Ihrem Kunden vereinbart und treten nun also im optimalen Business-Outfit auf –, aber leider eine Viertelstunde zu spät. Schon ist es wieder vorbei mit dem ersten guten Eindruck.

Pünktlichkeit ist Pflicht. Sobald eine Verspätung absehbar ist, rufen Sie Ihren Gesprächspartner an. Von der freundlichen Sekretärin Ihres Kunden werden Sie empfangen und in den Meetingraum gebracht. Es stehen Getränke auf dem Tisch und die Sekretärin sagt: „Bedienen Sie sich bitte". Was tun Sie jetzt?

Sie bedienen sich nicht mit Getränken und setzen sich auch nicht auf einen der verfügbaren Stühle. Der Gesprächspartner, auf den Sie warten, wird keinen guten Eindruck von Ihnen bekommen, wenn Sie es sich schon mal bei einem Tässchen Kaffee bequem gemacht haben. Einen stilvollen Auftritt haben Sie, wenn Sie stehend auf Ihren Gastgeber warten und dieser Sie nach der Begrüßung zum Platznehmen auffordert. Nehmen Sie den Small Talk auf und danken Sie Ihrem Gesprächspartner für die Zeit, die er sich genommen hat.

Tipp: Rufen Sie einen Tag vor dem Meeting an und lassen Sie sich den vereinbarten Termin noch einmal bestätigen. Es gibt nichts Ärgerlicheres, als einen weiten Weg vergebens gemacht zu haben. Hilfreich ist es, die Sekretärin nach der Wegbeschreibung zu fragen. So erinnert sie sich wieder an Sie und kann für das anstehende Meeting Vorbereitungen treffen.

Meetings nachbereiten

Warum schreibt man nach einer Besprechung – egal, ob mit Kunden oder Kollegen – überhaupt ein Protokoll?

Im Protokoll werden die Ergebnisse einer Besprechung festgehalten. Es erleichtert die Erfolgskontrolle und kann darüber hinaus wichtige Impulse für das nächste Meeting liefern.

Es gibt verschiedene Arten von Protokollen. Hierzu gehören u.a. das Verlaufsprotokoll (jeder Einwand und jede Aussage werden hier aufgeschrieben) und das Ergebnisprotokoll (das Zusammenfassungen zu einem Agendapunkt beinhaltet). Auf das Ergebnisprotokoll werden wir im Folgenden näher eingehen.

Vollständige Angaben im Protokoll

- Anlass der Besprechung
- Teilnehmer, Verteiler

- Besprechungsort, Datum, Zeitraum
- Abteilung
- Unterschrift des Protokollführers/Besprechungsleiters
- Mitarbeiter, die einen Beschluss umsetzen sollen, werden namentlich genannt.

So ist das Protokoll formal korrekt:

- Kurze, deutliche Sätze.
- Gut gegliederte Abschnitte nach Agendapunkten.
- Neben den beschlossenen Maßnahmen immer den Verantwortlichen und den Abgabetermin setzen.
- Anhänge mit Quellenangaben versehen.
- Keine umgangssprachlichen Ausdrücke.

Zur besseren Übersicht bietet sich die Darstellung eines Protokolls in Tabellenform an. Ergänzende Angaben zum Protokoll, z.B. Statistiken mit Quellenangaben, werden an das Protokoll angehängt.

Vor dem Versand sollten Sie sich noch das letzte O.K. des Besprechungsleiters einholen, dass auch wirklich alle auf der Verteilerliste leseberechtigt sind und nicht irgendwelche hochsensiblen Daten in die falschen Hände gelangen. Das Protokoll kann dann an die Teilnehmer – anwesende, vertretene und entschuldigte – versendet werden.

> **Tipp:** Wenn Sie das Protokoll verschicken, bedanken Sie sich gleich bei den Teilnehmern für die Zeit, die sie sich genommen haben.

Nun können Sie auf mögliche Kommentare der Teilnehmer warten und diese als Update in das Protokoll eintragen. Ein einmal verabschiedetes Protokoll wird nicht mehr verändert.

 ## Lockere Besprechungen in den USA

Etwas ungewöhnlich mag es einem Deutschen vorkommen, der in den USA an einer Besprechung teilnimmt. Hier kommt es vor, das ein ständiges Kommen und Gehen gang und gäbe ist und eine eher lockere Stimmung herrscht. Alle Ideen sind willkommen und „great". Ein wirkliches Lob haben Sie empfangen, wenn Ihre Bemerkung als „excellent" bezeichnet wird. Protokolle werden meist in Powerpoint erstellt und kritische Punkte werden als „Challenges" bezeichnet. Oft werden unter Zeitdruck Snacks oder Sandwiches serviert, während Sie noch präsentieren. Dies darf Sie nicht stören. Ein Lunch-Meeting ist dabei die Steigerung. Hier wird während des Mittagessens eine Powerpoint-Präsentation gehalten.

Franzosen wollen sich nur austauschen

In Frankreich ist der Sinn eines Meetings, seine Gedanken auszutauschen, nicht aber, Dinge zu entscheiden. Wer in Frankreich von Ihnen ein Briefing vor dem Meeting erhält, wird wahrscheinlich gekränkt sein. Informationen gelten als Holschuld. Eine Agenda wird in Frankreich selten eingehalten. Protokolle hingegen können bis zu 20 Seiten umfassen und lesen sich wie Prosa.

Franzosen haben ein anderes Zeitverständnis. Oft beginnen Besprechungen später und dauern länger als geplant. Kalkulieren Sie daher Ihren eigenen Zeitplan großzügig und lassen Sie ausreichend Spielraum, z.B. für den Weg zum Flughafen. Von Deutschen wird allerdings erwartet, dass sie ihre Termine pünktlich einhalten.

Japaner legen großen Wert auf Pünktlichkeit. Spontaneität, die sich in Wortmeldungen äußert, ist nicht erwünscht. Feedback wird nicht gegeben, damit keiner in der Gruppe hervorgehoben wird. Protokolle gelten als Vorbereitung und werden vor dem Meeting verteilt. Nach einer Besprechung erhalten Sie umfangreiche Berichte.

Was macht man als Moderator, wenn das Meeting zeitlich aus dem Rahmen läuft?

Der Moderator hat die Aufgabe, den Prozess während der Besprechung zu fördern und nicht, ihn inhaltlich zu lösen. Läuft die Zeit in einer Besprechung davon, sollte der Moderator in den Ablauf eingreifen und das zeitintensivste Thema ausklammern. Dafür muss ein neues Meeting angesetzt werden. Möglichst gleich Termin und Ort besprechen.

Erkennt der Moderator beim dritten von fünf Agendapunkten, dass die angesetzte Zeit abgelaufen ist, muss er mit den Teilnehmern abklären, die übrigen Punkte zu vertagen. Wichtig ist, dass der Moderator in der Gruppe Konsens über die neue Vorgehensweise herstellt.

Oft werden wir gefragt, wie man als Moderator mit unpünktlich erscheinenden Teilnehmern umgeht. Wie lange ist die „Karenzzeit" zum Beginn der Besprechung? Da Unpünktlichkeit eine weit verbreitete Unsitte ist, empfehlen wir zum festgesetzten Termin die Tür des Meetingraums zu schließen. So setzen Sie das erste Zeichen. Beginnen Sie pünktlich und zwar mit den wichtigsten Themen. Handelt es sich beim Zuspätkommer um einen motivierten Teilnehmer mit eigenen Interessen am Ergebnis der Sitzung, wird er die Zeichen verstehen und künftig pünktlich erscheinen. Fällt ein Teilnehmer durch häufige Verspätungen auf, überlegen Sie sich passende Sanktionen.

Tipp: Gerne werden Aufgaben wie die Protokollerstellung auf eine Person abgewälzt, die angeblich ein Händchen dafür hat. Schlagen Sie vor, diese Aufgabe rotieren zu lassen, so dass jeder einmal in den „Genuss" kommt, ein Protokoll zu schreiben.

Fazit

Um Besprechungen richtig vor- und nachzubereiten, sollten Sie alle Schritte von der Agenda bis zum Protokoll beherrschen. Nicht nur eine perfekte Vorbereitung und ein reibungsloser Ablauf einer Besprechung werfen beim Kunden ein gutes Licht auf Ihr Unternehmen, sondern auch die Versendung eines Protokolls einige Tage nach der Besprechung. Aufgaben und Vereinbarungen werden so nochmals für alle deutlich zusammengefasst.

Übung 37:
Sie verlassen nach positiven Verhandlungen mit Ihrem Kunden das Meeting. Was zeichnet jetzt einen stilvollen Verhandler aus?

Übung 38:
Welche Punkte sollten Sie berücksichtigen, wenn Sie ein Meeting vorbereiten?

Fairness gegenüber Teilnehmern

Nachdem wir Ihnen Tipps für die Vorbereitung eines Meetings gegeben haben, kommen wir nun zum Verhalten gegenüber den Meeting-Teilnehmern. Es gibt inzwischen zahlreiche psychologische Erkenntnisse über die Verhaltensmuster von Männern in Gruppen, egal ob es sich nun um die Körpersprache oder um die Inhalte des Gesagten handelt. Eine Erkenntnis besteht darin, dass Männer tendenziell lauter sprechen und Gespräche gerne beherrschen. Wenn das in Ihrem Fall nicht so ist, um so besser. Aber was tun Sie, wenn Sie eher zu dem beherrschenden Typ Mann gehören? Hier ein paar Tipps:

- Werden Sie niemals laut, nur weil jemand anderer Meinung ist als Sie. Schreien Sie auch nicht bei hitzigen Debatten.
- Geben Sie Kollegen eine Chance, Ihren Redebeitrag zu Ende zu führen. Hören Sie dabei gut zu, anstatt sich in Gedanken mit der Ausformulierung Ihrer nächsten Wortmeldung zu beschäftigen.
- Halten Sie gleichmäßig Blickkontakt zu allen Anwesenden. So zollen Sie den anderen Respekt und zeigen Aufmerksamkeit.
- Wischen Sie die Beiträge anderer nicht weg. Nehmen Sie sie ernst.
- Lassen Sie Frauen zu Wort kommen. Nur weil sie ihre Meinung mit einer zarteren Stimme vortragen als Sie, ist ihr Beitrag nicht weniger wichtig als Ihrer.

Meetings mit Journalisten

Angst vor der Presse und die Ungewissheit, wie die Presse über uns berichtet, können uns im Umgang mit Journalisten sehr verunsichern. Müssen Sie ihnen deshalb nach dem Mund reden? Wie gehen Sie stilsicher mit den Vertretern der Presse um?

Es gehört nun einmal zum Beruf des Journalisten, neugierig zu sein. Seine Hauptaufgabe ist es, Informationen zu sammeln. Sehen Sie Journalisten nicht als Ihre Gegner, sondern als Ihre Partner. Geben Sie den Journalisten alle Informationen die sie brauchen, um einen guten und objektiven Artikel über Sie und Ihr Unternehmen zu schreiben.

Vorbereitung eines Interviews

Damit Sie sich optimal auf ein Interview vorbereiten können, sollten Sie ein Vorgespräch vereinbaren. Am besten lassen Sie sich die Fragen im Vorfeld schicken. Falls Sie sich der Rückendeckung Ihres Chefs versichern wollen, gehen Sie die Fragen mit ihm noch einmal in aller Ruhe durch. Manchmal ist auch das Gespräch mit einem Kollegen hilfreich.

Gibt es keinen Fragenkatalog, sollten Sie auf jeden Fall die wichtigsten Aspekte und Stichpunkte abfragen, damit Sie sich vorbereiten können. Sie müssen dann aber während des Interviews mit spontanen Fragen rechnen (das kann Ihnen natürlich auch passieren, wenn Sie vorab einen Fragenkatalog erhalten haben).

Um den Journalisten auf das Interview vorzubereiten, können Sie ihm Unterlagen über das Unternehmen oder eine Zusammenfassung der wichtigsten Fakten zukommen lassen.

Klären Sie, wie das Interview ablaufen soll. Ein klassisches Interview ist eine Frage/Antwort-Situation. Es kann aber auch sein, dass nur Ausschnitte aus dem Interview verwertet und in eine Reportage oder einen Bericht eingebunden werden. Ein Journalist ist übrigens an seine Aussage über die Art des Interviews gebunden.

Verhalten im Interview

Die Grundregel für Sie heißt: „Bleiben Sie Sie selbst!". Sie sind Mensch und müssen sich nicht verstellen. Sie dürfen ruhig zeigen, dass Sie nervös sind. Der Journalist ist es bestimmt auch. Entkrampfen Sie angespannte Situationen, indem Sie sich menschlich zeigen.

Sprechen Sie in kurzen Sätzen. Bleiben Sie beim Thema. Antworten Sie auf die Frage, die der Journalist gestellt hat, und nicht auf eine Frage, die Sie für besser halten. Falls es sich um ein TV-Interview handelt: Ein Interview von 30 Sekunden bleibt womöglich ungekürzt, werden Sie aber über fünf Minuten interviewt, können Sie davon ausgehen, dass Ihre Rede zusammengeschnitten wird. Nicht immer fällt dann der Schnitt so aus, wie Sie es sich wünschen. Nennen Sie deshalb das Wichtigste zuerst. Wenn Sie dabei die wichtigen Aspekte an das Ende Ihres letzten Satzes stellen, macht dies neugierig und Sie beeinflussen so eine Nachfrage des Journalisten. Aber bitte bleiben Sie auch hier kurz und bündig.

Einfacher ist besser

Sprechen Sie präzise und klar. Wenn Sie einem Journalisten Ihre wichtigsten Botschaften in Fachchinesisch erklären, wundern Sie sich nicht, wenn Sie am Ende Dinge lesen, die Sie selbst nicht verstehen. Machen Sie sich klar, dass ein Journalist von Ihrem Arbeitsbereich nicht soviel versteht wie Sie. Also müssen Sie es ihm erklären. Ein kraftvolles reines Deutsch ist daher die beste Sprache und beugt Missverständnissen vor. Wenn Sie es schaffen, komplexe Inhalte in Vergleichen oder bildhafter Sprache auszudrücken, verstehen der Journalist und der Leser besser. Sie trainieren damit auch gleichzeitig Ihre eigenen sprachlichen Fähigkeiten.

Finden Sie heraus, ob Ihre Nachricht das Publikum interessiert. Nicht immer entspricht das, was Sie interessiert, auch dem, was der Leser oder Zuhörer wissen will. Ein Journalist kann eine Nachricht nur veröffentlichen, wenn sie auch einen Markt hat.

Soll Ihr Interview veröffentlicht werden, lassen Sie sich die Endfassung noch einmal vorlegen. Bei einem Interview in Frage/Antwort-Form ist der Journalist sogar dazu verpflichtet. Aber begehen Sie nicht den Fehler, den Text im Befehlston einzufordern. Sie wollen dem Journalisten nicht den Eindruck vermitteln, dass Sie ihm misstrauen bzw. seine Fähigkeiten bezweifeln. Sagen Sie beispielsweise: „Bei einem Interview ist es ja üblich, den Text noch einmal zu sehen. Wenn Sie ihn fertig haben, rufen Sie mich einfach an."

Das Telefoninterview

Grundregel Nr. 1 lautet: Fasse Dich kurz! Sie haben meist nur 20 bis 30 Sekunden Zeit, Ihre Antwort zu formulieren. Um dies perfekt zu erledigen, sollten Sie sich gut vorbereiten. Wenn Sie mitten in einem Arbeitsvorgang angerufen werden, bitten Sie darum, in 15 Minuten zurückrufen zu können. Erstens werden Sie dann besser zuhören und zweitens können Sie sich auf die Thematik etwas vorbereiten. Dies wird auch im Interesse des Journalisten sein. Sollten Sie ein Live-Interview führen müssen, lassen Sie sich auch hier die Fragen vorher faxen.

Achten Sie darauf, dass Sie ein ruhiges Umfeld haben. Je weniger Geräusche oder Kommunikation im Hintergrund ist, desto besser ist die Qualität der Aufnahme. Auch der Schnitt ist für den Journalisten so sauberer zu realisieren.

Umgang mit schwierigen Gesprächspartnern

Haben Sie das Gefühl, Ihr Gesprächspartner ist Ihnen nicht wohlge-sinnt? Schaffen Sie eine entspannte Atmosphäre, indem Sie vor dem Interview mit dem Journalisten ins Gespräch kommen. Reden Sie jetzt nicht über Geschäftliches oder die Themen des Gesprächs, son-dern betreiben Sie Small Talk.

Richten Sie sich auf journalistische offene Fragen ein, die meist eng am Thema orientiert sind. Sollte Ihnen ein Journalist eine Unterstel-lung unterjubeln wollen, begegnen Sie dieser resolut. Oft ist so eine Unterstellung in eine Frage eingebunden. Hierbei empfiehlt es sich, den Sachverhalt zu berichtigen und dann auf die Frage einzugehen. Lassen Sie sich eine unangenehme Frage noch einmal wiederholen. Dadurch gewinnen Sie Zeit und meistens ist die Frage beim zweiten Mal weniger aggressiv gestellt. Oder lassen Sie sich eine Frage erklä-ren, dies hat den gleichen Effekt. Vermeiden Sie, viel zu reden. Sie würden den Journalisten damit nur verärgern und das schafft kein gutes Klima. Außerdem kommen Sie dabei eventuell auf Themen, die gar nicht angesprochen werden sollten.

Tipp: Überreichen Sie einem Journalisten niemals ein Geschenk, bevor Sie mit ihm das Gespräch geführt haben. Er fühlt sich sonst „geschmiert" und könnte Ihnen das sehr übel nehmen. Wenn Sie ihm unbedingt ei-ne kleine Aufmerksamkeit überreichen wollen, dann nach dem Ge-spräch. Dabei sollte es sich wirklich nur um Kleinigkeiten handeln (Kugelschreiber mit Firmenzeichen, Kalender usw.).

Was sollten Sie auf Ihrer Pressekonferenz beachten?

- Seien Sie vor allem pünktlich. Bei Pressekonferenzen kann man sich Verspätungen nicht leisten. Am besten sind Sie eine halbe Stunde vor Beginn dort, um noch den ein oder anderen Small Talk mit den eintreffenden Journalisten zu führen. Zeigen Sie sich von der menschlichen Seite.
- Achten Sie auf Ihre Kleidung. Sie vertreten Ihr Unternehmen nach außen.
- Nach der Pressekonferenz gibt es eventuell einen kleinen Imbiss für die Journalisten. Hierbei können Sie gut Kontakte knüpfen.

● Sind Sie zu einer Pressekonferenz eingeladen, kommen Sie allein. Bringen Sie keine weiteren Personen mit, wenn Sie eine persönliche Einladung bekommen haben.

● Als Einladender verlassen Sie die Pressekonferenz erst, wenn die Pressevertreter gegangen sind. Sind Sie eingeladen, können Sie die Konferenz verlassen, wann Sie möchten, am besten aber erst nach Ende der Konferenz.

Übung 39:
Welche Vorbereitungen sollten Sie bei einem Interview treffen?

Übung 40:
Was sollten Sie auf einer Pressekonferenz auf jeden Fall beachten?

Auf der Messe überzeugen

Kennen Sie das? Ein potenzieller Kunde nähert sich interessiert einem Messestand. Er erblickt einen Verkäufer, der mit den Händen in den Hosentaschen lässig am Infotresen lehnt. Seinen Schuhen sieht man den weiten Weg über den Parkplatz an, die Absätze sind abgetreten, die Falten in den Kniekehlen sprechen für eine längere Anreise. Unser Kunde betritt den Stand und wird sofort mit der Standardfrage „Kann ich Ihnen helfen?" begrüßt.

Bedenken Sie: Selten treffen potenzielle Kunden und Anbieter so konzentriert aufeinander wie auf einer Messe. Hier gilt es, wahrgenommen zu werden und positiv im Gedächtnis zu bleiben. Heute gehen immer weniger Anwender, dafür aber immer mehr Entscheider auf Messen. Verkäufer und Standpersonal entscheiden über Erfolg oder Misserfolg eines Messeauftritts. Reines Sachwissen und die fachliche Qualifikation der Mitarbeiter allein genügen da nicht mehr. Gute Umgangsformen, Argumentationsgeschick und eine überzeugende Selbstpräsentation sind gefragt.

Da werden Stände für Millionen von Euro aufgestellt, Mitarbeiter für teures Geld eingeflogen und untergebracht und dann sitzen diese SMS-tippend auf Barhockern, lehnen rauchend am Infotresen oder schauen Damen in kurzen Röcken nach. Für manchen Verkäufer ist der Spaß bei einer Messe wichtiger als die Identifizierung von potenziellen Kunden.

So wird es ein korrekter Messeauftritt

- Hände aus der Hosentasche
  Sie können sich im Gespräch mit Kunden auch einmal die Hände in die Taschen stecken, nicht aber, wenn Sie in Wartestellung sind und nach Interessenten Ausschau halten.

- Kunden ansprechen, nicht abschrecken
  Lassen Sie dem Kunden Zeit, sich umzusehen. Ihr Stand hat bereits sein Interesse geweckt, da müssen Sie nicht gleich über ihn herfallen.

- Achten Sie auf einen frischen Atem
  Da Sie an einem Messetag mit Kunden recht nah in Kontakt sind, wenn Sie Gespräche führen oder Demos vorführen, sollten Sie auf Ihren Atem achten. Ein schlechter Atem kann ein Gespräch schnell beenden. Um den Atem zu erfrischen, sollten Sie aber auf Kaugummi verzichten. Ein Pfefferminzplätzchen wäre hier eher angebracht.

- Öfter mal eine Pause machen
  Pausen wirken nicht nur erfrischend auf Ihre Kunden. Auch Sie sind fitter und können Ihre Interessenten besser begeistern.

- Nicht zu viel Kaffee trinken
  Ihr Atem wird durch zu viel Kaffeekonsum unangenehm und Sie kommen schneller ins Schwitzen.

- Keine Grüppchen unter Kollegen
  Stehen Sie auf dem Messestand mit Ihren Kollegen zusammen, wirkt dies eher wie ein Kaffeeklatsch. Sie sind nicht auf der Messe, um Ihre Kollegen näher kennen zu lernen, sondern um Kunden zu akquirieren.

- Keine Modenschau veranstalten
  Halten Sie sich mit Ihrem äußeren Auftreten an den Business Dresscode, den wir Ihnen noch vorstellen werden. Auffallende Kleidung ist etwas für Messen in der Modebranche oder für Messehostessen, die für Showeinlagen gebucht werden.

- Dresscode – weniger ist nicht immer mehr!
  Mit weit offen stehenden Hemden, aus denen schwarze Brust-
  haare herausschauen, ziehen Sie vielleicht die Blicke mancher
  Frauen auf sich. Denken Sie daran, dass Sie Interessenten für Ihr
  Unternehmen, aber keine Interessentinnen für sich gewinnen
  wollen.

- Einheitliches Auftreten (Kleidung in Corporate Identity)
  Kunden können so leichter erkennen, wer zum Stand gehört.
  Gibt es keine einheitliche Kleidung, reicht es oft schon aus, wenn
  Sie sich auf einheitliche Farben der Kostüme und Anzüge einigen.
  Tücher und Krawatten sollten ebenso abgestimmt werden.

- Handy nur außerhalb des Standes
  SMS tippen, Ihre Mailbox abfragen und telefonieren sollten Sie
  nicht auf dem Stand. Wenn Sie sich für diese Tätigkeiten eine ru-
  hige Ecke suchen, ist es für Sie im Übrigen viel einfacher, sich zu
  verständigen.

- Nicht an der Messetheke abstützen
  Ist auch der Messetag lang und drücken die Schuhe, lehnen Sie
  sich nicht an den Messestand an oder stützen sich auf ihm ab.
  Kunden mögen vielleicht Mitleid mit Ihnen haben, aber ein gutes Bild geben Sie so für Ihre Firma nicht ab.

- Interessenten nicht an der Standkante anfallen
  Warten Sie ca. ein bis zwei Meter innerhalb des Standes auf Interessenten. Geben Sie Kunden die Möglichkeit, sich auf Ihrem
  Stand umzuschauen. Stehen Sie an der Standkante, wirken Sie
  auf manche vielleicht wie ein Türsteher, der nicht allen Zutritt
  gewährt.

- Gute Ansprache
  Überraschen Sie Ihre Interessenten mit einer ausgefallenen Ansprache statt mit der üblichen Frage „Kann ich Ihnen helfen?"
  (Wenn der Kunde hierauf „Nein" sagt, ist ein weiteres Gespräch
  kaum mehr möglich!) Starten Sie Ihre Bedarfsanalyse mit Fragen,
  die zum Erzählen animieren, z.B: „Mit welchen Produkten arbeiten Sie? Haben Sie unsere schon einmal eingesetzt?"

- Visitenkarten austauschen und Infomaterial/Angebot nach-
  schicken

Bieten Sie Kunden oder Interessenten an, dass Sie ihnen Infomaterial zusenden, lassen Sie sich die Visitenkarte geben und füllen Sie anschließend einen so genannten „Leadbogen" aus. Halten Sie die Wünsche des Kunden dort fest. Wenn Sie alle Informationen über ihn aufschreiben, können Sie sich später besser an ihn erinnern. Aber vergessen Sie nicht, versprochene Leistungen auch zu erbringen.

- Termine mit Frontdesk absprechen und immer abmelden
  Informieren Sie Ihr Standpersonal über Kunden, mit denen Sie einen Termin auf dem Stand vereinbart haben. Melden Sie sich auch beim Infostand Ihres Messestandes ab, damit Besuchern immer Auskunft gegeben werden kann, wenn Sie nicht am Stand sind. Einen Terminplan zu führen für alle Mitarbeiter, die auf dem Stand arbeiten, ist durchaus sinnvoll und wirkt gegenüber Dritten kompetent und organisiert.

- Namenschilder möglichst rechts tragen
  Wenn Sie auf Messen oder Veranstaltungen Namenschilder zum Anstecken einsetzen, werden diese auf der rechten Seite getragen, wenn dies möglich ist ohne Ihren Anzug dauerhaft zu schädigen. Es ist zwar sehr praktisch, ein Namenschild auf der linken Seite des Jacketts anzubringen, da dort meist eine Tasche ist. Aber Ihr Gegenüber kann während des Händedrucks (rechte Hand) schnell auf Ihr Namenschild spicken, ohne dass es auffällt.
  Es gibt moderne Magnetnamenschilder die problemlos überall am Jackett anzubringen sind.

- Keine Messe ohne Nachbereitung
  Mit der Messenachbereitung zeichnet sich der wahre Messeprofi bei Kunden aus. Sie kennen sicher alle das Phänomen, dass man nach der anstrengenden Messe erst einmal Urlaub benötigt. Gewonnene Messekontakte sind jedoch zu wichtig, um diese aus Zeitgründen oder Kapazitätsengpässen nachlässig zu behandeln. Spätestens zehn Tage nach der Messe sollten die vereinbarten Unterlagen auf dem Kundentisch liegen oder das vereinbarte Telefongespräch geführt sein. Je früher der Kontakt mit dem Interessenten aufgenommen wird, desto besser. Jeder Tag erhöht die Abschlusswahrscheinlichkeit. Ideal wäre es, wenn der Kunden von der Messe kommt und die Unterlagen liegen bereits auf seinem Tisch.

Lektion 7:
Business Dresscode für Männer

Männer sind modebewusster geworden. Dieser Trend zeigt sich auch im Business Dresscode. Schlecht sitzende Anzüge, wild gemusterte Krawatten und Tennissocken in schwarzen Lederschuhen werden nur noch selten gesichtet. Stil und Qualität sind gefragt. Mit welchem Business-Outfit Sie zu welchen Anlässen treffsicher gekleidet sind, ist Thema dieses Kapitels.

Natürlich reicht es im Job nicht aus, gut auszusehen. Doch wer seiner fachlichen Qualifikation mehr Ausdruck verleihen möchte, sollte auf sein optisches Erscheinungsbild achten. Denken Sie jeden Morgen beim Anziehen daran, dass Sie Ihr Unternehmen nach außen repräsentieren.

Kleidung ist ein Teil unserer Kommunikation. Wenn Sie in den unterschiedlichsten Situationen und mit den unterschiedlichsten Menschen erfolgreich kommunizieren wollen, brauchen Sie für jeden Anlass die passende Kleidung.

In vielen Unternehmen gibt es – wenn auch nicht immer schriftlich fixiert – einen internen Dresscode. An diesen sollten Sie sich halten, wenn Sie sich in Ihrem Beruf weiterentwickeln möchten. Ihr Arbeitgeber kann von Ihnen erwarten, dass Sie sich angemessen kleiden. Wie dies aussieht, liegt im Ermessen des Arbeitgebers. Arbeiten Sie also in einer Bank, müssen Sie auf Hawaiihemden und Jeans verzichten.

Es gibt eine Regel die besagt: Kleiden Sie sich der Position entsprechend, die Sie gerne inne hätten. Also einen Tick besser als es Ihre Position verlangt.

Tipp: Sollten Sie viele Kundentermine haben, notieren Sie sich, welches Outfit Sie zu welchem Kunden angezogen haben. So kommt es nicht vor, dass Sie zwei Mal hintereinander mit demselben Anzug zum Kunden kommen.

Die Bedeutung von Farben im Berufsalltag

Die klassischen Farben für das korrekte Business-Outfit sind Grau und Blau. Schwarz ist nur bei den kreativen Berufen als Businessfarbe wirklich etabliert.

Grau wirkt seriös, aber unauffällig und weniger streng als Schwarz. Tragen Sie also Grau, wenn Sie keine herausragende Position einnehmen möchten.

Dunkelblau wirkt immer noch lebendiger als Grau. Wer Blau trägt, vermittelt, dass er farblich am Leben teilnimmt und vital ist. Mit Blau werden viele gute Eigenschaften wie Harmonie, Treue, Vertrauen und Zuverlässigkeit verbunden. In dunkelblauer Kleidung wirken Sie also korrekt und vertrauenerweckend. Aber nicht kreativ.

Sehr dunkle Anzüge und weiße Hemden verleihen Ihnen etwas Distanziertes und Unnahbares. Vorsicht also, wenn Sie ein Gespräch führen wollen, in dem der Partner sich öffnen soll.

Braun wirkt ungekünstelt, sympathisch und freundlich, strahlt Sicherheit aus und fördert das Vertrauen. Die Regeln „No brown after six." oder „No brown in town." gelten im Business nur teilweise. Die neuesten Stilregeln besagen, dass sich diese Aussagen nur auf die Schuhe beziehen. Wenn Sie auf der sicheren Seite sein wollen, tragen Sie abends einen dunklen Anzug mit schwarzen Schuhen.

Ihr Business-Outfit ist eine Mitteilung an Ihre Gesprächspartner. Kleiden Sie sich im Berufsleben so, wie Sie Ihr Image gestalten möchten. Verkaufen Sie beispielsweise Investitionsgüter auf Vorstandsebene, müssen Sie mit Ihrer Kleidung Professionalität und Glaubwürdigkeit ausstrahlen. Beachten Sie aber auch den Dresscode Ihrer Kunden. Treten Sie bei einem mittelständischen Betrieb im Bayerischen Wald im schwarzen Armani-Anzug auf, wäre das unpassend.

Der Anzug

Der Anzug ist das Kernstück des Business-Outfits. Achten Sie bei Ihrer Grundausstattung auf guten Sitz und Qualität.

Hier gilt die Regel: Wer billig kauft, tut sich keinen Gefallen. Denn schlechte Passform ist schlechter Stil und die Stoffqualität zeigt sich bereits nach wenigen Kilometern Autofahrt. Gute Stoffe knittern nicht so leicht und hängen sich schneller wieder aus.

Um den richtigen Anzug für einen Anlass zu finden, müssen Sie etwas über Stoffe wissen. Ein normaler Tagesanzug, der zum Sitzen und Reisen taugen soll, darf als Ganzjahresmodell aus einem gröberen Gewebe sein als ein Businessanzug, der speziell für Geschäftsabschlüsse und die darauf folgenden Essen erstanden wird. Sommeranzüge mit italienischer Linie sind leichteren Stoffen zuzuordnen und ihre Knitterfreudigkeit nur mit Kunstfaserbeimischungen und speziellen Ausrüstungen zu bändigen. Das Gefühl für die Stoffe entwickeln Sie recht schnell. Nehmen Sie sich am besten einen kleinen Einkaufsbummel vor, bei dem Sie verschiedene Anzüge probieren.

Welchen Anzug tragen Sie zu welchem Anlass?

In der folgenden Liste nennen wir Ihnen für die verschiedensten Gelegenheiten das passende Outfit.

- Kundenerstkontakt, Tagung, Besprechung, Büroalltag
  Einreiher mit oder ohne Weste, Kombinationen; Grau, Blau, Brauntöne, im Sommer auch Beige; Nadelstreifen, Glencheck und weitere dezente Muster.

- Geschäftsessen
  Einreiher mit oder ohne Weste; Zweireiher; Grau, Blau.

- Empfang:
  Einreiher mit Weste; Zweireiher; Schwarz. Feinen Stoff wählen.

- Festlicher Anlass (falls kein Smoking erwartet wird)
  Einreiher mit oder ohne Weste oder Zweireiher; Schwarz. Achten Sie auf Paspeltaschen, steigende Revers und einen schlitzlosen Rücken.

Kombinationen (Hosen und Sakko in verschiedenen Farben) sind in Deutschland auf Managementebene häufig verpönt.

Tipp: Ziehen Sie nie Pullover oder Pullunder unter den Business-Anzug. Sie sind aber in der Freizeit, z.B. kombiniert mit einem Cordsakko, gerne gesehen.

Wie werden Anzüge geknöpft?

Das Einreiher-Jackett (auch mit Weste) sollten Sie in Steh-Situationen immer wie folgt schließen:

2-Knopf-Sakko: oberer Knopf
3-Knopf-Sakko: nur der mittlere Knopf oder die beiden oberen
4-Knopf-Sakko: die beiden mittleren oder die drei oberen Knöpfe

Tipp: Wer höflich erscheinen will, schließt sein Sakko beim Aufstehen.

Das **Zweireiher – Jackett** bleibt stets geschlossen, auch im Sitzen.

Tipp: Lassen Sie bei Business-Anzügen den untersten Knopf der Weste offen. Der Grund: Die Weste staucht sonst und schiebt sich unangenehm nach oben.

Maßanzüge können am ehesten den perfekten Sitz haben, da der Schneider viele körperlichen Makel des Trägers ausgleichen kann. Die Details der Ausstattung wie durchgeknöpfte Ärmelschlitze, Handstichkante u.ä. findet man auch an maßkonfektionierten Anzügen und zum Teil an Konfektionsware. Die Passform ist hier das Maß aller Dinge.

Leben Sie in Bayern oder anderen Regionen mit einer eigenen Trachtenkultur, ist es durchaus stilvoll, Ihre Tracht zu besonderen Anlässen zu tragen. Geht ein Handwerker beispielsweise in seiner Tracht zu einem Banktermin, ist er damit trotzdem korrekt gekleidet.

Bewegen Sie sich geschäftlich in osteuropäischen Ländern wie Polen, Ungarn, Slowenien sowie Estland, Lettland und Litauen, achten Sie auf ein korrektes Business-Outfit. Anzug und Krawatte sind bei Geschäftsterminen Pflicht. Grundsätzlich kleidet sich die Bevölkerung in diesen Ländern disziplinierter als bei uns.

Mit Krawatten zeigen Sie Stil

Zum perfekten Business-Outfit gehört natürlich die Krawatte. Mit Krawatten runden Sie Ihren Stil ab. Tragen Sie deshalb bitte keine Krawatten mit Comics oder Weihnachtsmännern (es sei denn Sie wollen andere zum Lachen bringen). Strick, Holzteile oder Leder haben nichts an Business-Krawatten zu suchen. Verzichten Sie auf Krawatten-Clips, solange diese noch aus der Mode sind.

RICHTIG: Bei durchschnittlicher Körperproportion sollte die Krawattenspitze im Bereich der Gürtelschließe enden.

Tipp: Legen Sie beim Essen – egal ob Kantine oder Restaurant – die Krawatte zum Schutz vor Flecken niemals auf die Schulter. Bitte stecken Sie sie auch nicht in das Hemd. Hier hilft nur: aufpassen und eine Ersatzkrawatte im Schreibtisch lagern.

Wie bindet man eine Krawatte?

Die schönste Krawatte taugt nur soviel wie ihr Knoten, und umgekehrt. Welcher Knoten zum jeweiligen Träger optimal passt, ist von seiner Physiognomie abhängig. Bei den Farben, Designformen und Materialien kommt es vorrangig auf den dazu getragenen Anzug an. Blaue Businessanzüge wirken auch noch harmonisch, wenn im Schlips ihre Konträrfarbe, z.B. Rot-Orange eingearbeitet ist. Zu einem braunen Anzug können Sie eine Krawatte mit Brauntönen wählen. Helle und dunkle Töne einer Grundfarbe passen meistens auch gut zusammen.

Es gibt verschiedene Krawattenknoten, die an den jeweiligen Hemdkragen oder die Halsgröße angepasst werden können. Auch Ihre Kopfgröße spielt eine Rolle. Große Köpfe brauchen große Knoten, breite Schädelformen auch breitere Knotenformen. Probieren Sie verschiedene Knoten aus. Lassen Sie sich von einem guten Verkäufer beim Herrenausstatter beraten.

Tragen Sie keine Fliege zur Business-Kleidung. Selbst Fliegen aus edelster Seide sind kein korrekter Krawattenersatz (außer bei Frack und Smoking). Fliegen-Träger möchten ihre Andersartigkeit demonstrieren. Bei einem bekannten Wissenschaftler, der für seine provokanten Thesen bekannt ist, mag die Fliege angebracht sein. Ein frisch gebackener Hochschulabsolvent sieht damit nur lächerlich aus.

Möchten Sie ein Einstecktuch tragen, wählen Sie ein Tuch passend zu mindestens einer Farbe Ihrer Kleidung. Das Tuch sollte nicht das gleiche Dessin haben wie die Krawatte.

Stilvolle Business-Hemden

Das Business-Hemd ist langärmelig und ein T-Shirt darunter nicht annähernd so gut wie ein gutes Unterhemd (natürlich kein Trägerunterhemd Marke Bauarbeiter). Das T-Shirt unter dem Hemd wärmt sicher wunderbar, ist aber optisch ein Fauxpas.

> **Tipp:** Achten Sie darauf, dass Unterhemden nicht durch das Oberhemd durchscheinen. Wenn beide unterschiedliche Farben haben, kann dies leicht passieren. Es sieht auch nicht gut aus, wenn man unter dem Stoff Ihres Hemdenärmels den Kurzarm Ihres Unterhemdes erkennen kann.

Zum klassischen Business-Anzug trägt Mann keinen „Button-down-Kragen", also solche, die geknöpft sind. Je nach Geschmack wählen Sie einen „Haifisch-, Kent-, Windsor-, Tab-Kragen" oder anderen klassische Hemdkragen.

FALSCH: Lose Krawatte und offener Kragenknopf.

Achten Sie bei den Manschetten darauf, dass sie anliegen, ohne unbequem zu sein und mindestens einen Zentimeter unter dem Sakkoärmel hervorschauen.

Tipp: Tragen Sie Kombimanschetten nie mit Manschettenknöpfen, das ist ein grober Stilbruch. Erneuern Sie Ihre Hemden regelmäßig, denn der teuerste Anzug wirkt durch abgestoßene Manschetten oder Hemdkragen ungepflegt.

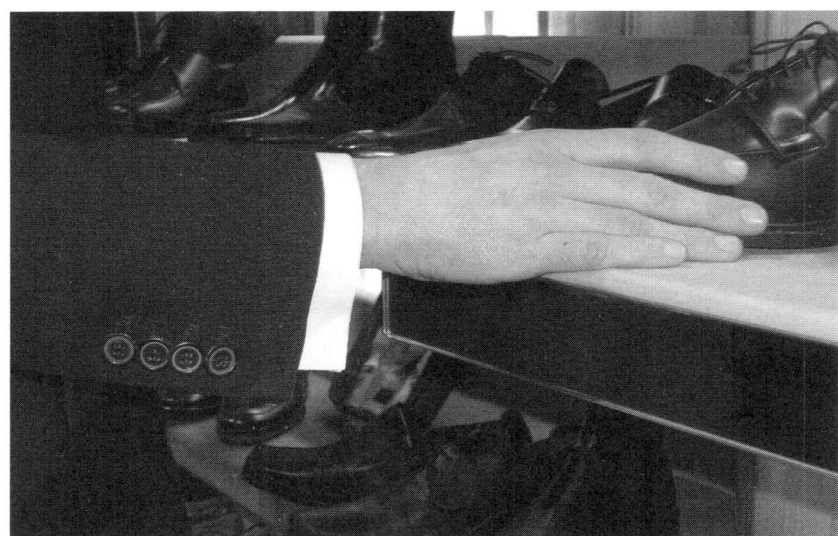

RICHTIG: Die richtigen Längen der Hemden- und Sakkoärmel sorgen für ein schönes Bild und schützen das Jackett vor Körperschmutz und Verschleiß.

Tipp: Nur wenn der Ranghöchste in einem geschäftlichen Gespräch seine Zustimmung signalisiert, sollten Sie das Jackett ausziehen, die Krawatte ablegen, Knöpfe öffnen und Ärmel hochkrempeln.

FALSCH: Mit aufgekrempelten Ärmeln ins Meeting oder Kundengespräch

Schuhe und Socken

Kommen Sie bitte niemals mit Sandalen oder Birkenstockschuhen ins Büro. Auch wenn Sie glauben, dass Sie heute keinen wichtigen Termin haben. Sie wissen nie, was der Tag noch für Überraschungen bringt. Übrigens sind Turnschuhe auf der Karriereleiter zwar theoretisch vorstellbar (seit Joschka Fischer wissen wir das), aber in der heutigen Zeit bleiben sie besser den kreativen Berufen vorbehalten.

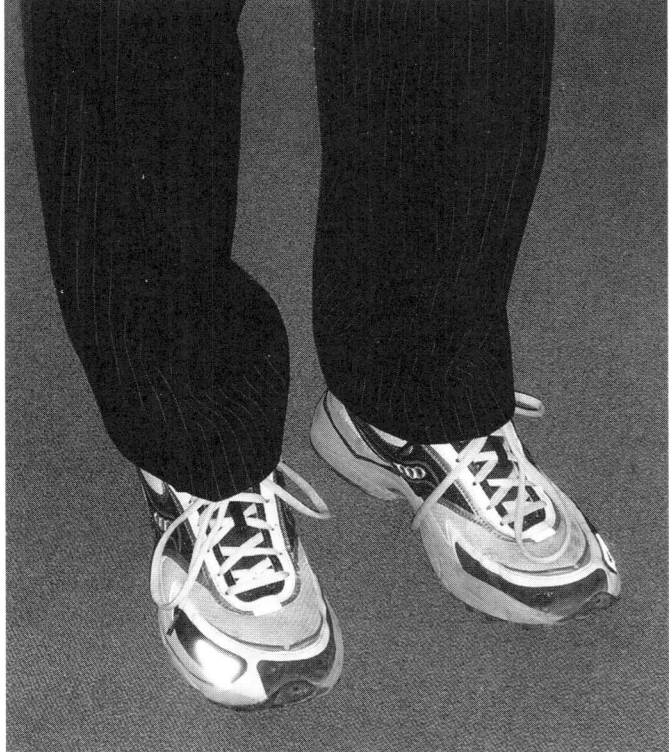

FALSCH: Turnschuhe zum Anzug

Zu einem Business-Anzug passen fast immer schlichte Derbys, traditionelle Brogues oder ein klassischer Oxford. Braune Schuhe sehen zusammen mit einem braunen Gürtel gut zu grauen oder blauen Business-Anzügen aus. Tragen Sie aber besser keine braunen Schuhe zu schwarzen Anzügen, wenn Sie kein Stirnrunzeln provozieren wollen.

Drei Grundmodelle für den Geschäftsalltag. V.l.n.r.: Oxford, Brogue, Derby.

Bei festlichen Veranstaltungen sind schwarze, glatte Schuhe immer eine gute Wahl. Zum Smoking passt ein schwarzer Schuh auf Glanz poliert mit dünner Sohle, am besten aus feinem Kalbleder.

Dieser Smokingschuh ist ein auf Hochglanz poliertes Kalbledermodell.

Legen Sie viel Wert auf die Schuhpflege. Ungeputzte Schuhe und abgetretene Absätze hinterlassen einen schlechten Eindruck und werden als Gleichgültigkeit interpretiert. Vergessen Sie auch nicht, die Preisschilder unter den Sohlen zu entfernen.

Tipp: Lederwaren sehen schnell schäbig oder gebraucht aus, wenn sie nicht gepflegt werden. Sehen Ihre Schuhe, Mappen, Taschen ausgetrocknet aus, weiß der Beobachter, wie wenig Sie sich darum kümmern. Regelmäßig etwas Sprühwachs ist die Minimalpflege, die oft schon kleine Wunder bewirkt. Wer seine Stücke liebt, sollte für den Pflegemitteleinkauf zum Sattler, Täschner oder Schuhmacher gehen. Nur die besten Fachhändler sind so tief in der Materie bewandert, dass man mit der Umsetzung der Tipps ausnahmslos Gutes tut.

Dass Tennissocken nicht unter Anzüge gehören, hat sich zwischenzeitlich herumgesprochen. Auch gemusterte Socken oder solche mit Comic-Motiven tragen Sie besser nur in der Freizeit.

Die Strümpfe zum Anzug sollen den Blick auf nackte Waden nicht freigeben. Es gibt mittlerweile so genannte Business-Socken im Handel, die etwas länger als normale Socken sind, jedoch kürzer als Kniestrümpfe.

RICHTIG: Schienbein ist bedeckt

Dass die Strümpfe farblich zur Hose oder den Schuhen passen und das Material auch von der Oberflächenstruktur eine Verbindung zu diesen haben sollte, ist noch nicht jedem bekannt. Tragen Sie dunkle Schuhe zu einem hellen Anzug, sollten die Strümpfe zu den Schuhen passen, falls Sie den Farbton der Hose nicht treffen. Übrigens: Nackte Füße sind auch in den feinsten italienischen Wildlederschuhen unangebracht.

Lederwaren

Kleidung und Accessoires können Bestandteile aus Leder haben. Damit diese sich angenehm in das Gesamtbild einfügen, sollten mindestens deren Grundfarben einheitlich sein. D.h. alles in Schwarz oder alles in Braun. Wer es noch perfekter machen möchte, bezieht die Struktur und Verarbeitung in seine Überlegungen mit ein. Somit wird ein Kalbledergürtel und Kalblederschuhe getragen und Pferdelederqualität zu Pferdelederqualitäten.

Schmuck bei Männern

Manschettenknöpfe, Armbanduhr und ein bis zwei Ringe sind meist ausreichend, um zu „glänzen", mehr ist zuviel. Schon ein Armband sorgt in konservativeren Kreisen immer noch für hochgezogene Augenbrauen. Ohrringe bei Männern werden vielerorts als unseriös empfunden. Wer unbedingt eine Halskette tragen möchte, sollte das Hemd geschlossen halten.

Die Armbanduhr hat ihren Platz als Statussymbol in unserer Gesellschaft gefunden. Grundsätzlich gehört zum Business-Outfit auch eine hochwertige Uhr. Wie auffällig diese sein darf, entscheidet allein Ihr Fingerspitzengefühl. Machen Sie sich die Wirkung der Rolex auf Ihren Kunden klar und überlegen Sie sich, welchen Einfluss dies auf Ihre Geschäftsbeziehung haben kann.

Auf Taucheruhren und andere Uhren mit Freizeitcharakter sollten Sie im Job verzichten.

Das offene Zeigen von Tattoos ist in vielen Branchen nicht gerne gesehen. Möchten Sie trotzdem nicht auf Ihr persönliches Markenzeichen verzichten, sollten Sie es verdeckt tragen.

Gewünschte Dresscodes

Um Unklarheiten zu vermeiden sollten Sie die gewünschte Kleidung eindeutig und in Deutsch beschreiben. Dress bedeutet nur gepflegte und korrekte Business-Kleidung, casual meint Freizeitgarderobe im Allgemeinen. Die Mischungen wie „dress casual" und „smart casual" stiften vor allem Verwirrung.

Laden Sie beispielsweise zu einem informellen Gespräch ein und möchten, dass Ihr Gesprächspartner sicher ist bei der Wahl seiner Garderobe, so fügen Sie der Einladung folgenden Hinweis bei: „Ich werde Anzug ohne Krawatte tragen" oder „Gepflegte Kombination wäre passend".

Wie locker ist der Casual Friday?

Auch wenn es einen Casual Friday gibt, vergessen Sie nicht, dass Sie im Büro sind. Der Casual Friday ist nicht so locker, wie manche Menschen ihn verstehen.

Woher kommt der Casual Friday?
Eine Erklärung besagt, dass am Freitag die Anzüge zur Reinigung gebracht wurden, damit man sie am Montag wieder zum Kundentermin tragen konnte.

Gegen eine Jeans mit Hemd und Sakko ist abhängig von Branche und Position nichts einzuwenden. Auch die beigefarbene Baumwollhose mit Hemd oder Pullover ist eine gute Empfehlung, wenn Sie in einem entsprechend liberalen Unternehmen arbeiten.

Fazit

Achten Sie immer auf Ihr optisches Erscheinungsbild, denn der erste Eindruck basiert auf Äußerlichkeiten. Bleiben Sie Ihrem Stil treu. Wer seinen eigenen Stil pflegt, beweist Selbstsicherheit und Souveränität. Wer ständig seinen Stil mit der Mode wechselt und trägt, was in ist, obwohl es vielleicht nicht zur Persönlichkeit und zum Alter passt, macht sich schnell lächerlich. Bleiben Sie lieber bei dem, worin Sie sich wohl fühlen und wissen, dass es Ihnen steht.

Übung 41:

Sommer, Sonne. Ein Kundentreffen steht an. Was trägt der stilvolle Mann in Deutschland?

Übung: 42:

30 Grad im Meetingraum. Wann ziehen Sie Ihr Jackett aus?

Übung 43:

Das neue Business-Hemd wurde erst wenige Male gewaschen, aber die Kragenecken sind schon abgewetzt. Was machen Sie mit dem Hemd?

Übung 44:

Durch Ihre Kleidung kommunizieren Sie mit Ihren Mitmenschen. Wie könnte Ihr Vorgesetzter einen unangemessenen Kleidungsstil interpretieren?

Körperpflege

Nicht nur Ihre Kleidung, sondern auch das Erscheinungsbild Ihrer Haut, Ihres Haares sowie Ihr Körpergeruch tragen zum ersten Eindruck bei. Sie können noch so modisch gekleidet sein, kommen Sie drei Tage hintereinander im selben verschwitzten Outfit, kann dies durchaus Ihrem Image schaden. Mit einer ungepflegten Erscheinung signalisieren Sie Ihren Mitmenschen die Missachtung der eigenen Person, was sich auch auf die Umgebung übertragen kann. Manche Menschen fühlen sich hierdurch gering geschätzt. Das kann unangenehme Folgen für Sie haben.

Welches ist nun aber die korrekte Frisur im Business? Was den Haarschnitt betrifft, so haben Sie freie Hand. Langes Haar ist aber nicht unbedingt von Vorteil in Branchen, die konservativ sind. Festhalten kann man jedoch, dass Sie stets frisch gewaschenes Haar haben sollten. Ihren Haarschnitt überprüfen Sie regelmäßig. Ihr Nacken sollte ausrasiert sein. Kontrollieren Sie ab und zu Ihre Schultern auf Schuppen oder Haare.

Ihre Augen, Mund und Nase sind immer im Blickfeld des anderen. Schneiden Sie deshalb eventuelle Nasenhaare regelmäßig. Gezupfte Augenbrauen sind nicht nur den Frauen vorbehalten. Wachsen Ihre Augenbrauen buschig und in der Mitte zusammen, lohnt sich auch für Herren ein Besuch bei der Kosmetikerin.

Die Fingernägel sollten stets gepflegt geschnitten und sauber sein. Die Gartenarbeit vom Wochenende sollte am Montag möglichst nicht mehr sichtbar sein.

Riechen Sie gut?

Körpergeruch ist ein für die Betroffenen, aber auch für die Mitmenschen sehr unangenehmes Thema.

Was hilft gegen Körpergeruch?

● Täglich duschen.
● Kleidung aus Kunstfaser meiden, sie können bestimmte Schweißbestandteile absorbieren und dadurch selber zur Geruchsquelle werden.
● Regelmäßig die Kleidung wechseln und waschen. Auslüften beseitigt meist nicht alle Gerüche.
● Reduktion der Schweißproduktion durch Einsatz eines Antitranspirants.
● Geruchsüberdeckung durch Parfüm ist nur begrenzt wirksam.

Gesunde und gepflegte Zähne wirken anziehend. Ein freundliches Lächeln symbolisiert dem Gesprächspartner Offenheit, Optimismus und Selbstbewusstsein. Gerade in beruflichen Verhandlungen, bei denen Ihr erster Eindruck von großer Bedeutung ist, trägt ein natürliches Lächeln wesentlich zum Erfolg bei.

Lektion 8: Geschäftsessen

Hätten Sie gedacht, dass ein Geschäftsessen über Ihr beruf- liches Fortkommen entscheiden kann? Hier können Sie sehr viel falsch machen, angefangen bei der Auswahl eines Restaurants bis hin zu den Tischgesprächen. Wie Sie sich als perfekter Gastgeber bzw. Gast hier zu Lande, aber auch im Ausland erweisen, sagt Ihnen dieses Kapitel.

Ziel eines Geschäftsessens ist es, einen Geschäftsabschluss zu feiern, einen bestehenden Kontakt zu intensivieren oder ein neues Projekt anzuregen. Die Umgebung des Geschäftsessens soll anregende Gespräche fördern. Da Sie bei einem Geschäftsessen über einen größeren Zeitrahmen (ca. zwei bis drei Stunden) verfügen als in einem Meeting, bekommen Sie mehr Informationen von Ihrem Gesprächspartner.

Das Geschäftliche kommt nach dem Dessert

Natürlich möchten Sie während eines Geschäftsessens über das Geschäftliche sprechen. Bedenken Sie aber, dass Sie nicht die ganze Agenda, die Ihnen auf dem Herzen liegt, durchgehen müssen. Nehmen Sie nur die ein oder zwei wichtigsten Punkte in Ihr Tischgespräch auf und regen Sie an, alles Weitere bei einem späteren Meeting zu klären. Sprechen Sie diese Punkte möglichst erst nach dem Dessert an. Kommt Ihr Geschäftspartner aber von selbst auf das Thema Business, müssen Sie nicht länger zurückhaltend sein.

Gastgeber und Gäste sollen sich zwanglos in einer angenehmen Atmosphäre austauschen. Achten Sie also darauf, das Restaurant sorgfältig auszuwählen. Durch Wahl des Restaurants senden Sie Ihrem Kunden Signale von Status und Relevanz.

Geschäftsessen wollen gut vorbereitet sein

Bei der Vorbereitung eines Geschäftsessens sollten Sie sich folgende Fragen stellen:
- Wo fühle ich mich wohl?
- Wie hoch ist die Auftragssumme?
- Welches Restaurant passt zum Gast und zum Anlass?

Wählen Sie einen zentral gelegenen Ort und eine für den Gast günstige Zeit. Suchen Sie nicht gerade ein Restaurant in der Stadtmitte aus, das in der Hauptverkehrszeit nur schwer zu erreichen ist.

Stellen Sie eindeutig klar, dass Sie der Gastgeber sind und den Kunden einladen. Im Restaurant sollte auch dem Kellner schnell bewusst werden, dass Sie seine Ansprechperson sind. Dies zeigen Sie dadurch, dass Sie auf den Kellner zugehen und auf einen reservierten Tisch verweisen.

Was mag Ihr Gast?

Finden Sie im Vorfeld heraus, welche Vorlieben Ihr Gast hat. Ist er offen für Neues oder eher ein Liebhaber der traditionellen Küche? Entweder befragen Sie im Vorfeld die Sekretärin oder Ihren Gast direkt bei der Einladung.

Besuchen Sie mit wichtigen Kunden nur Lokalitäten, auf die Sie sich hundertprozentig verlassen können. Ein schlechter Service oder ungenießbare Gerichte hinterlassen bei Ihren Kunden keinen guten Eindruck und sind weder für die Verdauung noch für die Geschäftsbeziehung förderlich.

Vegetarier und Diätpatienten sollten sich als solche „outen", sobald die Einladung ausgesprochen ist. Sind Sie eingeladen und haben eine Fischallergie, lassen Sie dies Ihren Gastgeber wissen. So kommt es nicht zu peinlichen Situationen, wenn Ihr Gastgeber Sie in das berühmteste Fischrestaurant in der Stadt einlädt. Sind Sie der Einladende und wollen wissen, ob Vegetarier oder Diätpatienten in der Gruppe sind, fragen Sie gleich bei der Einladung nach oder bitten Sie die Teamassistentin um Informationen.

Erscheinen Sie unbedingt ein paar Minuten vor Ihren Gästen im Restaurant. So können Sie sich Ihren Tisch anschauen und letzte Korrekturen vornehmen. Außerdem müssen Sie Ihre Gäste ja begrüßen, sobald sie eintreffen.

Laden Sie eine große Gruppe ein (z.B. ab zehn Personen), ist es ratsam, ein Menü inklusive der Weinwahl vorzubestellen. So vermeiden Sie lange Bestellarien bei Tisch und können sich ganz und gar Ihren Kunden widmen.

Befinden Sie sich im kleinen Kreis, lassen Sie Ihren Gast als Erstes aussuchen. Vergessen Sie auch nicht, sich vom Oberkellner die Tagesempfehlungen nennen zu lassen.

In einigen Restaurants gibt es die so genannte „Gästekarte". Sie enthält keine Preise, so dass sich der Eingeladene ohne schlechtes Gewissen das aussuchen kann, worauf er gerade Lust hat.

Wie führt man einen Gast zum Tisch?

Gastgeber Kunde

● Führt der Ober Sie zum Tisch, gehen Sie als Letzter.

Gast- Mitar- Kunden
geber beiterin
Gast-
geber

● Führt der Ober eine Gruppe zum Tisch, gehen Sie und Ihre Angestellten zum Schluss.

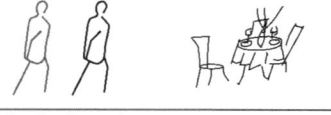

Kunde Gastgeber

● Gehen Sie alleine zum Tisch, gehen Sie voran.

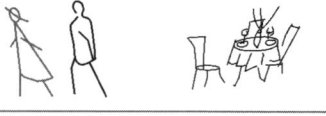

Kunde Gastgeber

● Verlassen Sie das Restaurant, geben Sie dem Gast den Vortritt.

Mitar- Kunden Gastgeber
beiter
Gast-
geber

● Führen Sie eine Gruppe zu Tisch, lassen Sie die Gäste in der Mitte gehen. Angestellte der gastgebenden Seite sollten hinter den
Gästen gehen.

Geschäftsessen im Ausland

In Polen nimmt man die Hauptmahlzeit am Nachmittag um 15:00 Uhr ein. Planen Sie genügend Zeit für ein Drei-Gänge-Menü ein und rechnen Sie damit, dass Sie einen Wodka angeboten bekommen. Diesen abzulehnen wäre für die Geschäftsbeziehung von großem Nachteil. Frauen spielen in Polen eine große Rolle bei Tisch und ein Mann setzt sich nie vor der Frau an den Tisch.

Ein Essen in Russland bis zum Ende durchzuhalten ist auf jeden Fall eine wahre Leistung. Sie sollten so richtig hungrig erscheinen, da es als unhöflich gilt einen Gang auszulassen. Geschäftliche Dinge sprechen Sie lieber nach dem Essen oder besser noch bei einer anderen Gelegenheit an.

Eine Einladung zum Mittagessen ist in Italien der Höhepunkt der Gastfreundschaft. Planen Sie für ein solches Geschäftsessen ca. zwei bis drei Stunden ein. Auch in Spanien und Portugal hat das Essen eine große Bedeutung und sollte nicht durch Termine am Mittag gestört werden, es sei denn, Sie vereinbaren gleich ein Geschäftsessen. Ausgedehnte Geschäftsessen sind in Frankreich nichts Ungewöhnliches. Neben dem guten Essen geht es darum, den Geschäftspartner persönlich kennen zu lernen. Vermeiden Sie deshalb während des Essens über Geschäftliches zu sprechen. Nach der Mahlzeit ist dafür immer noch Zeit.

Sollten Sie in China zum Essen eingeladen sein, lassen Sie immer einen kleinen Rest auf dem Teller. Ansonsten wird angenommen, Sie seien nicht satt geworden und möchten noch mehr. Sind Sie der Ehrengast, werden Ihnen die wichtigen Speisen zum Kosten gereicht. Dies kann durchaus eine Herausforderung für Sie werden, sollten Sie Speisen wie Schlange oder Seeschnecken serviert bekommen und alle Augen erwartungsvoll auf Sie blicken. Wenn Sie bei Tisch rauchen, müssen Sie allen am Tisch eine Zigarette anbieten. Nach einem Essen am Abend, das meist nie länger als 21:00 Uhr dauert, erfolgt sofort die Verabschiedung.

In Japan werden Sie vor dem Restaurant die Schuhe ausziehen und meist ebenerdig kniend speisen. Es gibt Restaurants, die Tische für Europäer haben, unter denen eine Mulde eingebaut ist, so dass Sie Ihre Füße ausstrecken können.

Vor dem Essen wird Ihnen ein heißer Waschlappen gereicht. Sie können sich hiermit neben den Händen auch das Gesicht zur Erfrischung abwischen. Achten Sie bitte darauf, dass Sie Japanern niemals Ihre Fußsohlen entgegenstrecken. Dies wird in Japan als Beleidigung aufgefasst.

Ihre Aufgaben als Gastgeber

Als Gastgeber haben Sie bestimmte Aufgaben bei einem Geschäftsessen wahrzunehmen: Sie reservieren den Tisch und wählen eventuell ein Menü aus, sollte es sich um eine große Gruppe handeln. Am Tag des Geschäftsessens sind Sie vor Ihren Gästen im Restaurant. Sie gehen auf den Oberkellner zu, melden sich an und verweisen auf die Reservierung. Spätestens jetzt sollte es für den Oberkellner klar sein, dass Sie bezahlen werden.
Sollten Ihre Gäste noch nicht angekommen sein, warten Sie auf sie an der Bar oder in der Nähe des Eingangs und gehen dann gemeinsam mit Ihnen zum Tisch.
Geleiten Sie Ihre Gäste an den Tisch. Haben Sie keine Sitzordnung arrangiert, wird Ihr Gast sich als Erster einen Platz aussuchen. Fordern Sie Ihre Gäste auf, Platz zu nehmen. Sie sollten sich aber den Platz links neben Ihrem Ehrengast oder an einer langen Tafel ihm gegenüber sichern.Bei einer größeren Gruppe bietet sich allerdings eine Sitzordnung an. (Siehe Sitzordnung.)
Die Gesprächseröffnung sollte privater Natur sein. Hier sind Themen zu empfehlen, die Sie aus dem Kapitel Small Talk kennen, z.B. Anreise, Stadt, Wetter.
Bei der Frage des Kellners nach einem Aperitif lassen Sie Ihren Gast entscheiden. Ist er zögerlich, schlagen Sie z.B. einen Champagner vor. Wählt Ihr Gast keinen Alkohol, nehmen Sie auch keinen.
Wie erwähnt wählt der Gast zuerst seine Speisen aus. Entscheidet er sich nur für ein Hauptgericht, verabschieden Sie sich von Ihrer Wahl eines Drei-Gänge-Menüs, um den zeitlichen Ablauf nicht zu stören.

Tipp: Geben Sie Ihrem Gast eine Hilfestellung, in welcher Preislage er sich bewegen kann. Formulieren Sie einen Hinweis mit den Worten: „Das Rinderfilet soll hier ganz ausgezeichnet sein." Oder „Letztes Mal habe ich hier die Spargel gegessen, die waren sehr gut."

Sprechen Sie einen Toast aus

Als Gastgeber suchen Sie den Wein aus und probieren ihn auch. Lassen Sie sich vom Kellner oder Sommelier eine Empfehlung geben. Sollten Sie sich mit Weinen nicht auskennen, ist das auch die leichtere und schnellste Variante.

Sobald die Weingläser gefüllt sind, heben Sie als Gastgeber das Glas und bringen einen Toast aus. Halten Sie aber bloß keine lange Rede! Es genügt meist, wenn Sie Ihre Gäste kurz willkommen heißen und zum Ausdruck bringen, wie sehr Sie sich über dieses Zusammentreffen freuen. Dann darf mit dem Trinken begonnen werden. Sollten Ihre Gäste vor Durst umkommen und es ist bereits Wasser eingeschenkt worden, kann dieses gleich getrunken werden.

> **Tipp:** Behalten Sie immer einen kleinen Rest Wein in Ihrem Glas. Sie wissen nie, wann Sie mit den anderen wieder anstoßen müssen. Ist Ihr Glas dann leer, geht die Hektik los, wo Sie jetzt noch Wasser oder Wein herbekommen.

Der Gastgeber gibt zum Start des Essens ein Zeichen, sobald alle ihr Essen vor sich haben. Hierzu wird nicht das bekannte Startzeichen „guten Appetit" gesagt, ein leichtes Nicken des Gastgebers reicht aus. Sie nehmen dann das Besteck auf und beginnen mit dem Essen.

Behalten Sie als Gastgeber – ob privat oder geschäftlich – so lange einen Bissen auf Ihrem Teller, bis auch der letzte Gast aufgegessen hat. So geben Sie niemandem das Gefühl, er sei zu langsam. Stellt Ihnen der Gesprächspartner eine Frage, während Sie kauen, antworten Sie nicht mit vollem Mund. Erst fertig essen.

> **Tipp:** Wählen Sie als Vorspeise eine Suppe. Sie werden öfter zum Reden kommen.

Verlangen Sie als Gastgeber die Rechnung. Verwirren Sie den Ober aber nicht mit den Worten: „Können wir zahlen?" Machen Sie deutlich, dass Sie die Rechnung begleichen. Zahlen Sie mit Kreditkarte, so können Sie dies am Tisch erledigen. Es ist jedoch eleganter, zum Bezahlen der Rechnung hinauszugehen, um eventuell Posten zu prüfen oder Trinkgeld zu geben. Bei Barzahlung kann so Ihr Gast nicht mitzählen, was Sie zu zahlen haben und wieviel Trinkgeld Sie geben.

Wie hoch das Trinkgeld ausfällt, hängt selbstverständlich von der Güte des Services und Essens ab. In Deutschland hat sich ein Trinkgeldsatz von fünf bis zehn Prozent der Rechnung durchgesetzt. Das bedeutet aber nicht, dass das Trinkgeld immer höher ausfällt, je größer die Gruppe der Gäste ist. Geben Sie einen Betrag, der Ihnen angemessen erscheint.

Fragen Sie sich beim Zahlen von Trinkgeld: Wie gut war der Service? Wie viele Personen haben uns bedient? Wie viele Personen wurden bedient? Was hätte der Service an Trinkgeld bekommen, wenn er jeden einzeln bedient hätte? All dies sind Anhaltspunkte, die Sie neben einem guten Service in das Trinkgeld mit einfließen lassen sollten. Lassen Sie hier am besten Ihr Gefühl entscheiden.

Es kann durchaus sein, dass Ihre Buchhaltungsabteilung genaue Vorschriften zum Thema Trinkgeld hat, an die Sie sich dann auch halten müssen. Sollte der Chef bedienen, wird ihm normalerweise kein Trinkgeld gegeben. Möchten Sie aber trotzdem etwas geben, können Sie dies mit dem Zusatz „für die Küche" bzw. „für das Personal" überreichen.

Besonderheiten in den USA

Die Zielsetzung bei Geschäftsessen in den USA sind mit unseren Absichten völlig identisch. Es gibt jedoch einige Unterschiede, die Sie kennen sollten:

- Seien Sie unbedingt pünktlich. Auch wenn Amerikaner locker wirken, Verspätungen treffen auf Unverständnis und können die Geschäftsbeziehung empfindlich stören.
- Oft kommt die Bedienung an den Tisch und stellt sich vor: „Hi, I'm Sandy, and I will be your waitress tonight." Diese Selbstvorstellung wird nicht erwidert.
- Sich bei Tisch die Nase zu putzen, gilt in den USA als unhöflich – vor allem, wenn es mit lauten Geräuschen verbunden ist.
- Es kann vorkommen, dass bei der Bezahlung vorgeschlagen wird: „Let's go Dutch!" Das bedeutet, dass jeder für sein eigenes Essen oder Getränk aufkommt. Gezahlt wird jedoch nicht getrennt. Einer der Gäste streckt den gesamten Betrag inklusive Steuern und Trinkgeld per Kreditkarte vor und sagt dann: „That's 25 Dollars each!" Geben Sie ihm anschließend den Betrag. Das Rumhantieren mit Geld ist den Amerikanern nicht peinlich.

● Wundern Sie sich nicht, dass nach dem Essen kaum Zeit bleibt, sich noch gemütlich am Tisch zu unterhalten. In den USA wird die Kellnerin fragen, ob Sie noch einen Wunsch haben. Verneinen Sie dies, wird Ihnen sofort die Rechnung gebracht. Nun wird es langsam Zeit, den Tisch zu verlassen. Sollten Sie dem nicht nachkommen, werden Sie sicherlich noch mehrmals gefragt werden, ob Sie noch etwas wünschen.

Wer sitzt wo?

Bereiten Sie ein Geschäftsessen oder sogar eine Veranstaltung für eine größere Runde vor, sollten Sie sich mit der Frage auseinander setzen: Wer sitzt wo? Für eine gute Sitzordnung bedarf es Fingerspitzengefühl und sie kann ausschlaggebend für das Gelingen des Abends sein. Die Sitzordnung dient dazu, anregende Gespräche zu fördern. Wichtig zu beachten ist hierbei, dass der Ehrengast rechts neben dem Gastgeber sitzt, alternativ sitzt ihm der Ehrengast an einer langen Tafel gegenüber. Grundsätzlich kann man sagen: Je wichtiger der Gast, um so näher sitzt er bei Ihnen als Gastgeber.

Planen Sie ein Geschäftsessen, sollten Sie darauf achten, dass die Mitarbeiter mit gleichen Funktionen beider Seiten der Geschäftsbeziehung zusammensitzen. So ist ein anregendes Gespräch am wahrscheinlichsten.

Die Sitzordnung und ihre Bedeutung

Das Geschäftsessen definierten wir bisher als kleinen Kreis mit Kunden. Hierbei spielen die klassische oder Bonner Sitzordnung keine Rolle. Eine Aufgabe als Tischherr gibt es hier nicht. Alle teilnehmenden Gäste sind gleichberechtigte Partner. Im Folgenden sprechen wir über geschäftliche Veranstaltungen in einem größeren Kreis, die oftmals auch mit Partner durchgeführt werden.

Die klassische Sitzordnung

Die klassische Sitzordnung sieht vor, dass sich Damen und Herren immer abwechseln. Verheiratete Paare werden auseinander gesetzt, sitzen sich aber wenn möglich gegenüber oder zumindest in Blicknähe.

Der Mann (Tischherr) sitzt bei der klassischen Sitzordnung links von der Dame und ist für ihr leibliches Wohl und die Unterhaltung zuständig. Er begleitet seine Tischdame zum Tisch und hilft ihr beim Platznehmen, d.h. er rückt den Stuhl vom Tisch und schiebt ihn für sie wieder ran. Der männliche Ehrengast sitzt im privaten Bereich rechts von der Gastgeberin. So muss er ihr nicht „dienen", ist aber ganz in ihrer Nähe, so dass sie sich um ihn kümmern und ihn unterhalten kann.

Die Bonner Sitzordnung

Neben der gängigen klassischen Sitzordnung, bei der sich Damen und Herren abwechseln, gibt es noch die Bonner Sitzordnung. Die Reihenfolge lautet hier: Dame – Dame, Herr – Herr, Dame – Dame. An einer längeren Tafel sitzt der Gastgeber möglichst in der Mitte, da man so die meisten Gäste erreichen kann.

Der Sitzplan

In kleineren Runden genügt es, eine Sitzordnung mündlich direkt am Tisch festzulegen. Bei größeren Veranstaltungen sollten Sie an der Garderobe oder vor dem Speisesaal einen Sitzplan aufstellen, so dass sich Ihre Gäste schnell orientieren können. Hat man seine Tischdame auf diesem Plan entdeckt, kennt diese aber nicht, so lassen Sie sich von Ihrem Gastgeber Ihre Tischdame zeigen und vorstellen. Wo an welchem Tisch Sie schließlich sitzen, verrät Ihnen die Tischkarte an jedem Platz. Wahlweise können hier auch die Menükarten beschriftet sein.

Planen Sie Firmenveranstaltungen, die aus 30 oder mehr Gästen bestehen und in einem feierlichen Rahmen abgehalten werden, gibt es verschiedene Anordnungsmöglichkeiten von Tischen. Am kommunikativsten sind mehrere runde Achter-Tische. Die Tische werden im Raum so angeordnet, dass der Ehrentisch am nächsten zur Bühne oder Tanzfläche steht. Alle weiteren Tische werden dem Raum gemäß verteilt. Je näher Sie dem Ehrentisch sitzen, desto geehrter können Sie sich fühlen.

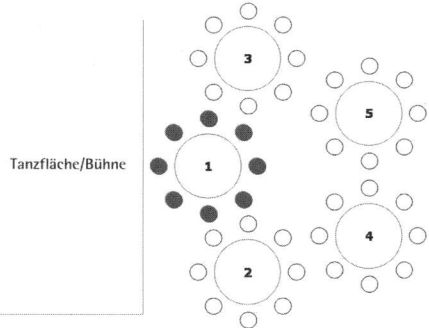

An jedem Tisch sollten Sie einen Mitarbeiter in einer Gastgeberfunktion platzieren. Der jeweilige Gastgeber gibt dann auch für seinen Tisch das Zeichen zum Start des Essens. Sobald der Gastgeber sich um die Gäste der anderen Tische kümmern möchte und sich mit diesen unterhalten will, sollte der Mitarbeiter (nicht ein anderer Gast!) seinen Platz für den Gastgeber frei machen und sich derweilen „anders" beschäftigen.

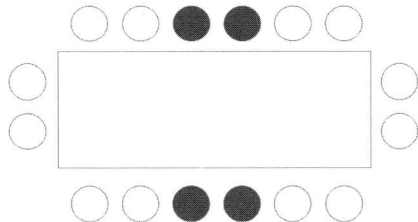

Eine lange Tafel ist unkommunikativ und eignet sich eher für eine Festgruppe von bis zu 14 Personen. Hier sitzt der Ehrengast entweder rechts neben dem Gastgeber oder ihm gegenüber (ähnlich wie bei einem Geschäftsessen). Je weiter Sie von dem Gastgeber und Ehrengast entfernt sitzen, desto „unwichtiger" sind Sie.

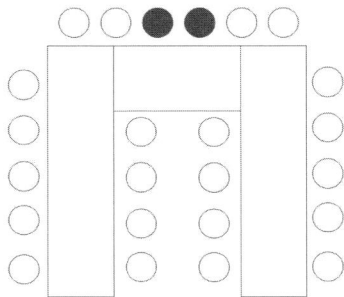

Für große Gesellschaften mit nur einem Ehrengast eignet sich die Kamm-Tafelform oder U-Form. Hier sitzt der Ehrengast mit dem Gastgeber in der Mitte der Tafel und alle Anwesenden haben einen guten Blick auf den Ehrengast. Auch hier gilt: Je näher Sie am Ehrengast und Gastgeber sitzen, desto wichtiger sind Sie.

Möchten Sie auf eine Tischordnung verzichten, können Sie diese auch auslosen. Die Paare finden dann durch eine Tombola zueinander. Diese Möglichkeit sollte aber eher in privaten Kreisen oder bei halb geschäftlichen Anlässen wie beispielsweise Weihnachtsfeiern praktiziert werden.

Wer hält wann eine Rede?

Nicht zwingend hat die ranghöchste Person Vorrang. Man kann die Grußreden mit dem Ranghöchsten beginnen oder aber auch enden lassen, um eine Spannung aufzubauen. Die Reihenfolge der Redner sollte sich also an den individuellen Gegebenheiten orientieren.

Sind Tischreden vorgesehen, so sollte der Gastgeber als Erstes nach der Vorspeise seine Rede halten. Wollen andere Personen Tischreden halten, sollte dies vorher mit dem Gastgeber oder Veranstalter abgestimmt werden. Lassen Sie sich einen günstigen Zeitpunkt nennen. Bei großen Veranstaltungen stimmen sie auch die Inhalte aufeinander ab. Informieren Sie den Oberkellner von möglichen Tischreden, so dass sich die Küche darauf einstellen kann.

Tischreden und Toasts sollten immer zwischen den Gängen gehalten werden. Unter einem Toast versteht man eine kurze Rede zu Ehren einer Person oder zu einem gegebenen Anlass. Am Ende einer Rede wird das Glas erhoben und auf ein Ereignis, eine Person oder die Geschäftsbeziehung getrunken.

Ihre Gastgeberpflichten im Überblick

Fassen wir noch einmal zusammen, welche Aufgaben Sie bei einem Geschäftsessen zu erfüllen haben:

1. Restaurantwahl
   - Vorlieben und Restriktionen des Gastes erfragen
   - Restaurant auswählen
   - günstigen Zeitpunkt wählen und Anfahrt regeln
   - Sitzordnung festlegen

2. Begrüßung
   - Gäste an der Bar begrüßen (Rangfolgen beachten)
   - Gäste vorstellen und bekannt machen
   - Plätze zuweisen
3. Essen und Getränke
   - Aperitif anbieten
   - über Anzahl der Gänge und Weine informieren, wenn Menü im Voraus arrangiert wurde
   - bei der Auswahl behilflich sein
   - Wein auswählen oder Sommelier einbeziehen
   - Startzeichen geben
   - Tischsitten einhalten
4. Gesprächsführung
   - bei Bedarf Tischrede halten
   - Themen vorbereiten (max. ein bis zwei geschäftliche Punkte)
   - alle Gäste einbeziehen
5. Abend beenden
   - nach dem Kaffee die Tafel aufheben
   - diskret (nicht am Tisch) bezahlen
   - Rückfahrt klären, evtl. Taxi organisieren

Beherrscht man die Regeln und Sitten bei Tisch, ist es ein Leichtes, konzentriert dem Gespräch des Partners zu folgen. Ihre Gedanken kreisen nicht um die Kartoffel auf Ihrem Teller, nach dem Motto: „Darf ich sie nun schneiden oder nicht?" Übrigens: Man darf heute!

Übung 45:
Dürfen Sie selbst den Wein nachschenken?

Übung 46:
Wie eröffnet man ein offizielles Geschäftsessen?

Übung 47:
Wie ist die richtige Redner-Reihenfolge bei Firmenveranstaltungen?

Übung 48:

Sie haben Kunden zum Geschäftsessen eingeladen. Nach dem Essen werden Sie die Rechnung begleichen. Wo ist hierfür der geeignetste Platz?

Übung 49:

Erstellen Sie die Tischordnung Ihrer Firmenveranstaltung, zu der folgende 40 Personen zugesagt haben:

1	Vorstand Ihrer Firma mit Partnerin (2 Pers.)
1	englischsprachiger Ehrengast mit Partnerin (2 Pers.)
1	Vertriebsmitarbeiterin ohne Partner (1 Pers.)
5	Vertriebsmitarbeiter ohne Partnerin (5 Pers.)
2	Mitarbeiterinnen Marketing ohne Partner (2 Pers.)
4	leitende Mitarbeiter mit Partnerin (8 Pers.)
10	Kunden mit Parterinnen (20 Pers.), die von den Vertriebsmitarbeitern benannt wurden.

Welche Tischanordnung wählen Sie?

Lektion 9:
Bei Tisch eine gute Figur machen

Ihre Gäste sind eingeladen; Sie haben ein gutes Restaurant gefunden; Sie wissen, dass es dort vorzügliches Essen gibt. Jetzt ist die Frage: Wie geht man mit dem vielen Besteck um? Wie verspeist man eine Artischocke? Was macht man mit dem Rest in der Suppentasse? Wie knackt man einen Hummer? Wenn Sie bei diesen und anderen kniffligen Fragen Rat brauchen, werden Sie in diesem Kapitel fündig.

Wie wichtig gute Umgangsformen bei Tisch sind, stellt am besten eine wahre Geschichte dar, die wir von einem Geschäftsführer der IT-Branche gehört haben.

Ohne Benehmen keine Karriere

Im Zuge einer Suche eines Vertriebsdirektors wurde ein qualifizierter Kandidat mit seiner Partnerin in ein gehobenes Münchener Restaurant eingeladen. Denn in dieser Position war es absehbar, dass viele Kundengespräche auch im Restaurant stattfinden würden. Der Kandidat kam am Abend ohne Krawatte und zog als Erstes sein Sakko aus, bevor er sich auf dem Stuhl niederließ. Kaum stand das Brot auf dem Tisch, griff er danach und stillte mit drei Scheiben seinen größten Hunger. Als das Essen begann, verriet die Haltung des Bestecks sofort, dass der Kandidat keine „Kinderstube" hatte. Seine Frau hingegen hatte zwar perfekte Tischmanieren, brachte aber während des ganzen Essens kaum ein Wort heraus.
Der Kandidat wurde nicht genommen. Trotz fachlicher Kompetenz und einem guten ersten Eindruck behinderten seine Umgangsformen seine Karriere. Der Ehefrau mangelte es an Souveränität. Ein lockerer Small Talk fiel ihr schwer. Gute Umgangsformen sind aber heute für eine Karriere unverzichtbar, denn die gesellschaftlichen Veranstaltungen werden in hohen Positionen eher mehr als weniger.

Wer kennt sie nicht, die Geschichte von Pretty Woman?

Sollten Sie die Karriereleiter aufsteigen, achten Sie auch darauf, dass sich Ihre Partnerin mit Ihnen mitentwickelt.

Schnell kommen Sie nach einem Karrieresprung in die Verlegenheit repräsentativer Verpflichtungen. Hier müssen Sie nicht nur Parkettsicherheit im Restaurant oder bei Veranstaltungen zeigen. Ein perfekter Auftritt kann auch bis in Ihre eigenen vier Wände reichen, wenn Gegeneinladungen der Geschäftsführung nach Hause erwartet werden. Ein sicheres Händchen im Umgang mit der Geschäftsleitung- und Vorstandsebene sowie die Fähigkeit des sicheren Auftritts sind auf jeden Fall bei dem kompletten Paar gefragt.

Sollten Sie zu Veranstaltungen mit Partnerin gebeten werden, haben aber derzeit keine feste Bindung, nehmen Sie möglichst jemanden als Begleitung mit, bei der Sie von einer gewissen Parkettsicherheit wissen. Nichts wäre schrecklicher, als wenn Sie sich wegen Ihrer Begleitung den ganzen Abend schämen müssten.

Der Aperitif

Vor dem Essen gibt es oft einen Aperitif. Er dient dazu, den Appetit anzuregen. Hierzu wird ein leicht alkoholisches Getränk gereicht. Typische Aperitife sind: Prosecco, Champagner, Cocktails, Sherry oder die anti-alkoholische Variante „frisch gepresster Orangensaft". Möchten Sie keinen Schaumwein trinken, können Sie gerne ein anderes Getränk bestellen. Der Kenner bestellt dann *anstatt* des Aperitifs ein Bier. Übrigens, während des Aperitifs haben Raucher die letzte Gelegenheit bis nach dem Dessert eine Zigarette zu rauchen.

Dreimal Aperitif, aber immer anders

Oft kommt nach einem Tagesseminar oder Meeting die Gruppe vor dem Essen zusammen. Der Einladende hat jetzt noch einmal die Gelegenheit, auf die gute Zusammenarbeit oder den Erfolg anzustoßen und auf einen gemeinsamen Abend zu trinken. Es gibt nun drei verschiedene Situationen, in denen ein Aperitif gereicht wird.

Erste Situation: Die Gruppe steht an der Bar oder in einem separaten Raum. Sollten Sie Ihr Glas noch nicht ausgetrunken haben, wenn es zum Essen geht, lassen Sie Ihr Glas stehen. Sie tragen als Gast niemals irgendwelche Gläser durch das Restaurant. Erwarten Sie nicht, dass Ihnen die Gläser zum Tisch getragen werden. Bei einer Gruppe von

15 Personen wäre dies viel zu aufwändig und der Kellner kann sich gar nicht merken, wer welches Glas gehabt hat.

Die zweite Situation: Sie kommen in ein Restaurant, Ihr Tisch ist aber noch nicht bereit. Jetzt überbrücken Sie die Zeit an der Bar mit einem Aperitif. Sollten Sie Ihr Glas noch nicht ausgetrunken haben, wenn der Kellner Sie zum Tisch geleiten möchte, stellen Sie Ihr Glas an der Bar ab und folgen dem Kellner. Sie müssen aber nicht auf den kostbaren Inhalt Ihres Glases verzichten. Die nicht ausgetrunkenen Gläser sollten Ihnen anschließend vom Personal an den Tisch gebracht werden. Vergisst der Kellner, Ihr Glas zu bringen, erinnern Sie ihn freundlich daran, dass Sie noch ein Glas Champagner an der Bar stehen haben.

Es gibt noch die dritte Möglichkeit, den Aperitif direkt an Ihrem Tisch einzunehmen. Hier werden Sie vor der Wahl des Essens vom Kellner nach einem Aperitif gefragt. Das Glas wird so lange auf Ihrem Platz stehen, bis Sie es ausgetrunken haben oder Sie dem Ober vermitteln, dass er es abräumen darf. Sie sollten möglichst vor Reichen des Weines das Aperitifglas losgeworden sein.

Richtiger Umgang mit Brot

Betrachten Sie Ihr Gedeck, werden Sie feststellen, dass Sie eine Vielzahl von Tellern und Besteck vor sich haben. Der Teller zu Ihrer Linken ist der Brotteller.

Der Brotteller steht links vom Gedeck

Achtung: Bei runden Tischen kommt es oft vor, dass Ihr Nachbar zur Linken unwissenderweise Ihren Brotteller benutzen möchte. Weisen Sie in einem solchen Fall höflich darauf hin, dass dies Ihr Brotteller ist oder versuchen Sie gleich der Situation aus dem Weg zu gehen, indem Sie den Teller beim Reichen des Brotes als Erster belegen.

Brot ist kein Hungerstiller

Zum Brot ist zu bemerken, dass es keine Vorspeise ist. Es wird zur Vorspeise gereicht. Zügeln Sie sich, wenn Sie Hunger haben. Oft ist zu beobachten, dass der Brotkorb nach wenigen Minuten leer ist. Den Brotkorb vorzeitig zu plündern gehört sich auch nicht, weil die anderen Gäste dann später kein Brot mehr für ihre Vorspeise haben und nachbestellen müssen.

Sobald der erste Schluck Wein getrunken wurde, aber noch keine Vorspeise serviert ist, können Sie gerne zum Wein etwas Brot essen. Dabei ist zu beachten, dass das Brot in einzelne mundgerechte Stücke zerteilt wird. Schneiden Sie kleine Brötchen niemals entzwei und bestreichen die einzelnen Hälften mit Butter.

FALSCH: Soße mit Brot aufnehmen

Wenn es auch noch so gut geschmeckt hat, vermeiden Sie, die übrig gebliebene Soße mit dem Brot aufzunehmen. Kratzen Sie auch nicht den Teller laut mit dem Besteck leer. Überhaupt veranstalten Sie mit Ihrem Besteck niemals Lärm.

Gedeck und Serviette

Der Tisch für das Vier-Gänge-Menü

Ein festliches Gedeck weist in der Regel viel Besteck zu beiden Seiten und an der Stirnseite des Tellers auf. Oft finden Sie einen Platzteller aus Metall bzw. in einer farblich vom Geschirr abgesetzten Farbe. Vom Platzteller wird nicht gegessen. Löffel und Messer liegen rechts, Gabeln links vom Teller. Das Dessertbesteck finden Sie oberhalb des Tellers. Dies wird vom Personal vor dem Servieren des Desserts „heruntergezogen". Gabel links und Löffel rechts. Die Gläser sind auf der rechten oberen Seite des Gedecks zu finden. Das Glas, das zum Hauptgang benutzt wird, ist oberhalb der Spitze des Hauptgangmessers positioniert. Die Benutzung des Bestecks und der Gläser erfolgt von außen nach innen. Zu einem komplett gedeckten Tisch gehört auch die Menagerie (Öl & Essig).

Wie wird serviert?

Verwirrungen gibt es immer wieder, wenn der Kellner den einen Teller von links reicht und den nächsten dann von rechts. Doch wie lauten die Regeln?

● Salatteller und Teller mit Salat werden von links gereicht und von links abgeräumt.

● Brotteller und Teller mit Brot werden von links gereicht und von links abgeräumt.

● Platten und Schüsseln werden von links gereicht.

● Aber: Gefüllte Teller werden von rechts gereicht und von rechts genommen.

● Getränke werden von rechts gereicht

Die Serviette und ihr Einsatz

Die Serviette finden Sie meistens auf dem Teller drapiert. Diese wird, wenn sie Ihnen im Weg ist, gleich auf den Schoß gelegt, spätestens aber, bevor die Vorspeise serviert wird.

Die Serviette legen Sie halbiert gefaltet quer über Ihre Knie. Die offene Seite der Serviette zeigt hierbei zu Ihnen. Benutzen Sie die Serviette indem Sie die Innenseite der oberen Serviettenhälfte zum Mund führen und diesen damit abtupfen, nicht abwischen. Sie legen dann die Serviette wieder wie zuvor gefaltet – nämlich halbiert – auf den Schoß zurück. Der verschmutzte Teil verschwindet somit im Inneren der gefalteten Serviette und kann damit weder Ihre Hose noch das Tischtuch beschmutzen.

Sollte Ihnen die Serviette herunterfallen, lassen Sie sie liegen. In einem guten Restaurant wird der Kellner dies beobachten und Ihnen gleich eine neue Serviette bringen. Sollte dieser Fauxpas nicht aufgefallen sein, bitten Sie den Kellner einfach, Ihnen eine neue Serviette zu bringen. Servietten werden nicht zum Schutz vor Spritzern in den Kragen gesteckt oder um den Hals gebunden. Nach Beendigung des Essens legen Sie die Serviette leicht zusammengefaltet auf den Tisch. Auch Papierservietten finden ihren Platz am Ende nicht auf dem Teller, sondern links neben dem Teller.

RICHTIG: Beim kurzen Verlassen des Platzes liegt die Serviette lose gefaltet links neben dem Teller

Tipp: In Deutschland legen Sie die Serviette beim kurzen Verlassen des Platzes nicht auf den Stuhl. Hierbei können leicht Essensreste auf den Stuhl gelangen und anschließend an Ihrer Kleidung hängen bleiben. In USA ist es jedoch üblich, die Serviette auf dem Stuhl abzulegen.

Die offizielle Bestecksprache

Wenn Sie sich im Restaurant umschauen, werden Sie sehen, dass es viele verschiedene Arten gibt, mit Besteck umzugehen. Aber nur eine Haltung ist richtig.

RICHTIG: Messer rechts, Gabel links und dabei das Besteck von oben greifen.

Das Messer kommt in die rechte, die Gabel in die linke Hand. Hierbei sollten Sie darauf achten, dass Sie das Besteck von oben greifen. Weder Ellenbogen noch Handgelenk haben bei der Haltung des Bestecks Tischkontakt. Vom Griff sollten Sie die oberen zwei Drittel anfassen. Greifen Sie also nicht auf die Messerklinge oder zu weit in Richtung Gabelzinken. Von dieser Stellung aus wird das Essen mit der linken Hand zum Mund geführt. Drehen Sie die Gabel dabei nicht um. Speisen werden auf den Gabelrücken gelegt. Am einfachsten gelingt dies, in dem Sie einen so genannten Stopper aufspießen und die Beilagen dann auf den Gabelrücken ablegen. Als Stopper eignen sich Fleisch oder relativ hartes Gemüse. Das Besteck so zu benutzen, kommt noch aus der viktorianischen Zeit und ist bei uns in Deutschland die perfekte Haltung.

RICHTIG: Für den letzten Bissen dürfen Sie die Gabel umgreifen.

Sollten Sie auf diese Art beispielsweise Reis oder Erbsen nicht auf die Gabel bekommen, können Sie die Gabel drehen. Nun können Sie das Essen auf die Gabel schieben und zum Mund führen.

Linkshänder dürfen selbstverständlich das Besteck seitenverkehrt, also Gabel rechts und Messer links halten. Ordnen Sie aber nicht den gedeckten Tisch um. Und denken Sie daran: Das Essen geht zum Mund, nicht der Mund zum Essen.

FALSCH: Der Flötengriff

FALSCH: Der Bleistiftgriff

FALSCH: Der Kindergriff

FALSCH: Der Drehgriff

FALSCH: Besteck zu weit vorne gegriffen

Alle anderen Möglichkeiten, die Sie eventuell im Restaurant sehen, sollten Sie sich nicht aneignen bzw. gleich abgewöhnen. Gerade in der Handhabung des Bestecks können Sie Stil beweisen.

Die Bestecksprache

Einmal benutztes Besteck wird nicht auf dem Tischtuch abgelegt. Weder die Klingen noch die Griffe dürfen den Tisch wieder berühren, sind sie einmal benutzt worden. Die so genannte Brücke bauen (Messer ist rechts an den Teller gelehnt, Gabel links an den Teller) ist also nicht erlaubt.

FALSCH: Brücken bauen mit dem Besteck

Es gibt eine internationale Bestecksprache, die es dem Kellner ermöglicht zu erkennen, wann Sie fertig gegessen haben. Diese orientiert sich an der Zeigerstellung der Uhr.

● Die 20 nach 4-Stellung zeigt an, dass Sie fertig gegessen haben und der Teller abgeräumt werden kann.

RICHTIG:
Ich bin fertig

● Haben Sie Messer und Gabel auf 20 nach 7-Stellung, bedeutet dies für den Kellner: Sie machen nur eine Pause. Dabei zeigen die Zinken der Gabel nach unten.

RICHTIG:
Ich mache eine
Pause

● Ist das Besteck gekreuzt und die Gabelzinken zeigen nach oben, bedeutet dies, Sie möchten noch etwas nehmen.

Eine so genannte Besteck-Geheimsprache gibt es nicht. Die Aussage: „Liegt das Besteck am Ende in 20 vor 8-Stellung, bedeutet dies: das Essen hat nicht geschmeckt", ist eine reine Erfindung.
Teller werden erst vom Tisch abgeräumt, wenn alle fertig gegessen haben. Es ist nicht nur ungemütlich, sondern auch unhöflich den Essenden gegenüber, wenn der Kellner dies nicht einhält.
Sich die Reihenfolge der Besteckbenutzung zu merken ist sehr einfach. Sie arbeiten sich von außen nach innen durch. Sollten Sie etwas bestellt haben, dessen Besteck nicht auf dem Tisch liegt, wird es entweder nach der Bestellung eingedeckt oder es wird direkt mit der Speise serviert. Keine Angst, sollten Sie jemals die falsche Gabel erwischt haben, wird Ihnen diese vom Personal nachgelegt. Ein Messer, das Sie nicht benutzt haben, wird abgeräumt.

Das Fischbesteck

Das Fischbesteck besteht aus einer Fischgabel und einem Fischmesser. Diese unterscheiden sich in der Form vom anderen Besteck. Das Fischmesser besitzt keine scharfe Klinge, da Fisch in der Regel nicht geschnitten wird. Eine Ausnahme ist geräucherter Fisch, Rollmöpse oder Matjeshering. Statt eines Fischmessers könnten Sie den Fisch auch mit zwei Gabeln essen, da das Fischmesser meist nur zum Schieben oder Zerteilen gebraucht wird. Bestellen Sie einen ganzen Fisch, sollte Ihnen ein Abfallteller mitgebracht werden, um Gräten und Haut, Kopf und Flossen ablegen zu können.

Keine Quälerei mit Gräten

Wenn Sie beim Geschäftsessen eine ganze Forelle bestellen, müssen Sie für den grätenfreien Genuss die richtige Technik anwenden:

1. Bäckchen lösen: Die ein bis zwei Cent großen Stücke sitzen direkt unterhalb des Auges und gelten unter Fischliebhabern als Delikatesse. Die Bäckchen lassen sich ganz leicht mit der Fischmesserspitze herausheben. Ob Sie sie gleich essen oder für den Schluss aufbewahren, ist Ihnen überlassen.

2. Flossen entfernen: Rücken-, Bauch- und Schwanzflossen trennen Sie mit dem Fischmesser großzügig ab, damit Sie später keine kleinen Gräten aussortieren müssen. Legen Sie den Abfall mit Messer und Gabel auf dem Tellerrand (oder Abfallteller) ab.

3. Haut einritzen: Zwei Schnitte bereiten das Entfernen der Haut vor: Einer geht über die gesamte Länge des Rückgrats, ein zweiter wird unterhalb des Kiemenlappens am Kopf angesetzt und bis zur Schwanzflosse durchgezogen. Dabei die Forelle mit der Gabel, nicht mit der Hand festhalten! (Bei anderen Fischarten wie Karpfen oder Scholle wird der Schnitt entlang der Mittelgräte – Mitte der Fischoberseite – gezogen; die Haut wird anschließend nach beiden Seiten weggeklappt.)

4. Oberhaut entfernen: Nach der professionellen Vorbereitung lässt sich die Haut ganz leicht um das Messer aufrollen. Auch hier setzen Sie nur die Gabel, nicht die Finger unterstützend ein. Anschließend das obere Filet ablösen: einfach Messer zwischen Gräten und Fischfleisch gleiten lassen, dieses auf den Teller legen und mit dem Filetieren fortfahren.

5. Mittelgräte und Kopf entfernen: Gräte am Schwanzende durchtrennen, mit der Gabel anheben und ganz langsam von hinten bis zum Kopf ablösen. Alles zusammen mit Hilfe des Fischmessers auf den Tellerrand (oder Abfallteller) legen. Jetzt steht dem Genuss nichts mehr im Wege.

Sollten Sie sich diese Übung nicht zutrauen, bitten Sie den Ober, den Fisch filetiert zu servieren.

Kleine Sushi-Kunde

Nachdem Sushi in Europa Einzug gehalten hat, ist diese Art des Essens eine gelungene und beliebte Art für ein Business-Lunch geworden. Sushi dauert meist nicht so lange wie die Zubereitung von warmen Gerichten. Da Fisch nicht sehr schwer im Magen liegt, ist man hinterher auch sofort wieder einsatzbereit.

Bei Sushi handelt es sich um rohen Fisch, der mit Reis, Ingwer, Sojasoße und grünem Meerrettich gegessen wird. Hier einige Fachbegriffe für Sushi-Interessierte:

Im ersten Schritt wird das Wasabi mit der Sojasoße in einer kleinen Schale vermischt.

Nehmen Sie aber nicht zu viel vom grünen Meerrettich, da er sehr scharf ist.

Nun ergreifen Sie mit den Stäbchen ein Stück vom Sushi und tunken es in das kleine Schälchen ein.

Wenn die Fischstücke zu groß sind, müssen Sie vom Suhi abbeißen, denn ein Zerteilen ist mit den Stäbchen vorher nicht möglich.

Halten Sie dafür den Fisch möglichst weit hinten mit den Stäbchen, so dass Sie nach dem Eintunken in die Soße gut abbeißen können.

Wasabi:

Grüner, sehr scharfer Meerrettich. Wird unter den Fisch gestrichen, bevor er auf die Reispäckchen gelegt wird.

Nori:

Papierdünne Blätter aus getrocknetem Seetang für gerollte Sushi.

Nigri-Sushi:

Sushi-Reis wird mit dem Belag (Fisch oder Meeresfrüchte) mit den Händen geformt.

Maki-Sushi:

Gerollte Sushi, die z.B. mit gerösteten Noriblättern umhüllt sind.

Temaki-Sushi:

Handgerollte Sushi-Variante in Tütenform.

Ura-Maki-Sushi:

Sushi-Form, bei der sich der Reis in der äußeren Schicht befindet.

Sashimi

Roher Fisch, der ohne Reis serviert wird und ungewürzt ist.

Suppentassen stilvoll leeren

Essen Sie eine Suppe, die in einer Suppentasse serviert wird, legen Sie den Suppenlöffel nicht in die Tasse. Dieser wird beim Pausieren und am Ende auf dem Unterteller der Suppe platziert.

FALSCH:
Löffel in der
Suppentasse

RICHTIG:
Löffel auf dem
Unterteller

Heben Sie einen Suppenteller nicht an, um den letzten Rest der Suppe aus dem Teller zu bekommen. Schaffen Sie es nicht, die Suppe ganz auszulöffeln, lassen Sie einen kleinen Rest übrig. Bei einem flachen Teller wird der Löffel in 20 nach 4-Stellung in den Teller gelegt.

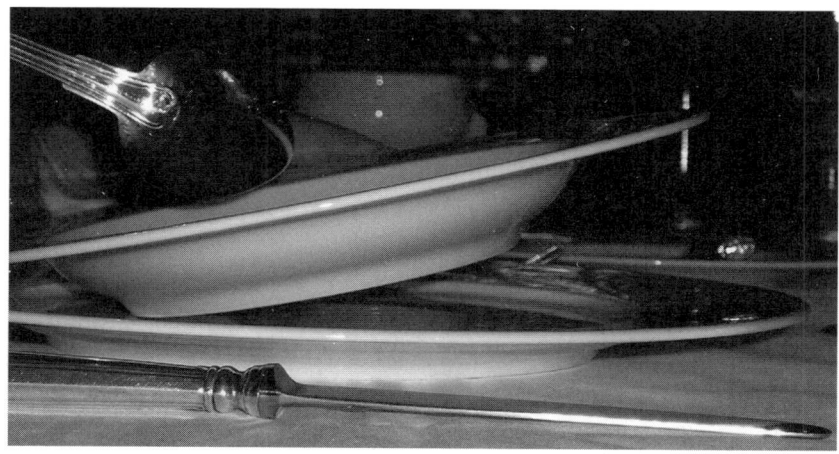

FALSCH: Suppenteller anheben

Den letzten heißen Schluck der Suppe können Sie austrinken, wenn Ihnen die Suppe in einer Suppentasse mit Henkeln serviert wird. Heben Sie hierfür die Tasse aber nur an einem Henkel hoch und trinken den letzten Rest aus. Gegessen wird von der Löffelspitze und die Suppe wird zu sich hin gelöffelt.
Suppen löffelt man in England anders als bei uns. Man dreht den Löffel nicht mit der Spitze in den Mund, sondern isst die Suppe vom seitlichen Löffelrand.

Übung 50:
Was machen Sie mit Ihrem Aperitif-Glas, wenn Sie es noch nicht leer getrunken haben, aber zum Essen gebeten werden?

Übung 51:
Austern werden geschlürft, Spareribs mit den Fingern gegessen, Kartoffeln darf man wieder schneiden – aber wie um Himmels willen isst man Scampi mit Messer und Gabel?

Übung 52:
Sollten Sie Ihr Verhalten bei Tisch konsequent dem Gastland anpassen? Zum Beispiel die Essgewohnheiten der US-Amerikaner oder der Asiaten übernehmen?

Wie sitzt man richtig bei Tisch?

Für die Sitzhaltung bei Tisch gibt es eine Faustregel, die besagt: „Auf dem Schoß sollte eine Katze Platz haben und zwischen Rücken und Lehne eine Maus durchpassen." Die Körperhaltung am Tisch ist aufrecht. Die Ellenbogen berühren nie den Tisch. Stützen Sie sich bitte beim Essen nicht mit dem Ellenbogen auf.

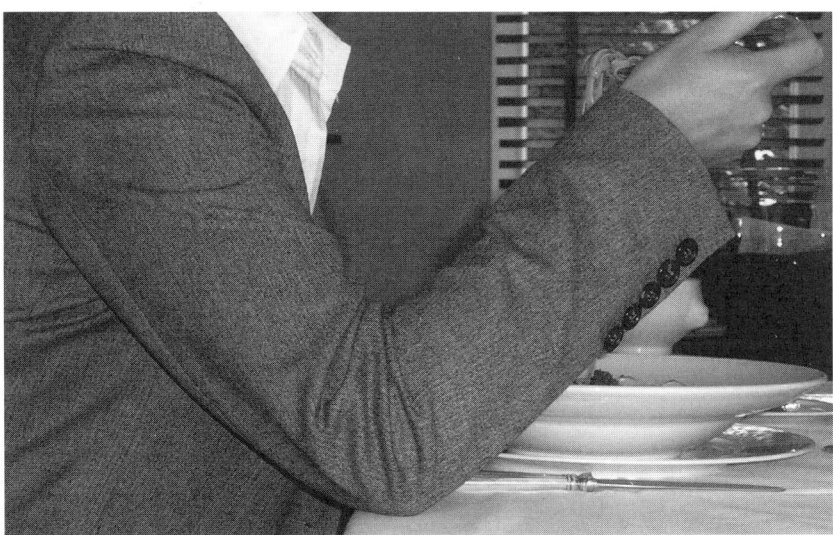

FALSCH: Ellenbogen auf dem Tisch.

FALSCH: Egal welchen Ellenbogen.

Die Hände liegen, wenn Sie pausieren, auf dem Tisch. Essen Sie nur mit einem Besteck, z.B. mit dem Löffel, liegt die andere Hand bis zum Handknochen auf dem Tisch neben dem Teller.

Um eine korrekte Sitzhaltung zu üben, klemmte man sich früher einen Gegenstand unter die beiden Arme. Dieser durfte nicht herunterfallen. So gewöhnte man sich keine ausladende Essensweise der Arme an. Dies ist übrigens heute noch eine gute Übung, um das Essen im Flugzeug zu trainieren.

Sitzsitten in den USA

Verschlägt es Sie kulinarisch nach USA, werden Sie eine andere Sitzhaltung bei Tisch kennen lernen. Nachdem das Essen serviert ist, wird damit begonnen, das Fleisch klein zu schneiden. Anschließend wird das Messer beiseite gelegt, die Gabel wechselt in die rechte Hand, der linke Arm wird auf dem Schoß abgestützt oder im besseren Fall einfach auf den Schoß gelegt. Ahmen Sie diese Art zu essen besser nicht nach!

> Wir waren im Nappa Valley in einem Bed & Breakfast bei Erika einer Auswanderin aus Deutschland untergebracht. Beim Frühstücken wurden uns die obligatorischen Pancakes und French Toast serviert, die wir am Gemeinschaftstisch mit den anderen amerikanischen Gästen ganz normal mit Messer und Gabel anfingen zu essen. Erika kam herein und brachte den frisch ausgepressten Organsaft. Mit einem Ausdruck der Entzückung und Ihrer von deutschem Akzent durchzogenen hohen Stimme sagte sie zu den amerikanischen Gästen: „Oh look at the Germans, how nicely they can eat their pancakes with knife and fork!"   *Christina Tabernig*

Schneiden oder nicht schneiden?

Das Verbot, bestimmte Speisen zu schneiden, stammt aus der Zeit, in der beim Kontakt mit Säure, Ei und Stärke die Besteckteile so stark oxidierten, dass dies den Geschmack der Speisen beeinträchtigte. Konservative Esser verzichten daher auf den Einsatz des Messers bei: Salat, Kartoffeln, Nudeln, Knödeln und Eierspeisen und bedienen sich der erhöhten Fingerfertigkeit sogar beim Verzehr von Fisch und Gemüse.

Es ist heute kein Fauxpas mehr, die Kartoffel zu schneiden. Dennoch ist es ratsamer, sie mit der Gabel zu zertrennen. Hierbei „zerklüftet" die Kartoffel besser und kann somit mehr Soße aufnehmen. Bitte zerquetschen Sie aber nicht die Kartoffeln mit der Gabel und vermengen sie anschließend mit der Soße. Generell gilt: Machen Sie aus Ihrem Essen keinen Brei!

Gleiches gilt auch für den Kartoffelknödel. Dieser wird mit der Gabel zerteilt und nicht mit dem Messer geschnitten. Auch Pasta wird nicht mit dem Messer zerteilt. Neben Spaghetti und anderer Pasta gibt es zur besseren Soßenaufnahme die Spiralnudel. Sie kann durch ihre Windungen mehr Soße aufnehmen.

Salat wird gefaltet

Sollten Sie als Vorspeise einen Salat bekommen, denken Sie bitte daran, diesen nicht zu schneiden, sondern große Blätter mit der Gabel und dem Messer zu falten. Das gefaltete „Salatpäckchen" können Sie dann mit der Gabel aufspießen und mundgerecht zu sich nehmen. Nur der Chicoree lässt sich nicht falten. Diesen dürfen Sie zerschneiden. Ruccola wird genau wie ein normaler Salat behandelt und nicht geschnitten, sondern gefaltet. Es kann vorkommen, dass sich hierbei das ein oder andere Stengelende nicht bändigen lässt. Aber es gilt auch bei Ruccola die Regel: Falten, falten und nochmals falten.

Bei einem Business-Frühstück sollten Sie darauf achten, Ihr Frühstücksei – ob hart oder weichgekocht – mit dem Eierlöffel an der Spitze aufzuklopfen. Das Köpfen ist zwar inzwischen erlaubt, aber schöner ist die Version des Aufklopfens. Essen Sie das Ei möglichst nicht mit einem Silberlöffel. Erstens würde er sofort anlaufen und zweitens schmeckt es nicht besonders gut. Nach wie vor ist die stilvollste Variante des Eierlöffels aus Perlmutt, auch wenn moderne Besteckmaterialien heute geschmacksneutral sind.

Das Frühstücksbrötchen können Sie getrost mit dem Messer aufschneiden und nach Ihrem Geschmack bestreichen. Klappen Sie aber niemals beide Hälften wieder zusammen, sondern essen Sie diese getrennt. Frühstücksbrötchen mit Messer und Gabel zu essen, ist übertrieben. Bevor Sie Frühstücksbrot oder Toast essen, schneiden Sie dieses einmal in der Mitte durch. So rinnt Ihnen beim Halten der Belag nicht über die Finger.

Was ist Fingerfood?

Oft wird uns die Frage gestellt, ob man Hänchenschlegel mit der Hand essen darf. Hier gilt: Sobald Sie eine Fingerschale oder Erfrischungstücher zum Abwischen der Finger am Platz vorfinden, dürfen Sie Speisen wie Hähnchenschlegel, Spareribs, ganze Garnelen und Schrimps mit den Fingern essen. Finden Sie nur eine Stoffserviette am Platz vor, sollten Sie alle Speisen mit Messer und Gabel essen.

Eine ganze Artischocke müssen Sie immer mit den Fingern essen. Es wäre sehr mühsam, jedes einzelne Blatt mit Messer und Gabel abzuzupfen und dann zum Mund zu führen. Das Essen würde wahrscheinlich die ganze Nacht dauern. Hier eine kurze Liste von Fingerfood auf einen Blick:

- Artischocken
- Spargel (wird heute aber meist mit Besteck verzehrt!)
- Spareribs
- Wachteln
- Austern (sofern nicht überbacken)
- (Mies-)Muscheln
- Schalen- und Krustentiere, sofern nicht ausgelöst:
  - Krabben
  - Garnelen
  - Langusten
  - Hummer

Finden Sie eine Zitrone auf Ihrem Schnitzel oder Fisch, benutzen Sie zum Saftpressen die Gabel. Zerquetschen Sie die Zitrone nicht zwischen den Fingern. Sie treffen dabei sicher das Auge Ihres Tischnachbarn.

Was tun mit Ungenießbarem?

Ungenießbares verlässt den Mund, wie es in ihn hineinkam: Gräten über die Gabel, aber die Steine der Kirschen, die Sie beim Dessert mit der Hand essen, über die Hand. Gräten und Essensreste entfernen Sie bitte nicht bei Tisch aus Ihren Zähnen, nicht einmal mit silbernem Zahnstocher hinter vorgehaltener Hand.

Wohin mit dem Kern?

Sie haben genüsslich eine der bereitstehenden Oliven zum Aperitif ergriffen, müssen aber feststellen, dass keine Schalen oder Teller bereitstehen, um die Kerne loszuwerden. Das Naheliegendste in einer solchen Situation ist, Service-Kräfte (in der Gastronomie) oder bei einer Privateinladung die Gastgebenden um ein Tellerchen zu bitten. Am besten schauen Sie sich, bevor Sie zu etwas „Kernigem" greifen, nach einer Ablagemöglichkeit um. So können Sie bereits um eine solche bitten, ehe Sie mit dem Kern auf der Hand dastehen.

Ist keine der oben genannten Lösungen möglich, können Sie entweder eine Serviette zum Ablegen des Kerns benutzen, ein Papierdeckchen dafür nehmen (oft in der Gastronomie als Gläseruntersatz vorhanden) oder den Kern in einem Papiertaschentuch deponieren und später entsorgen.

Der passende Wein zum Essen

Es gibt eine alte Regel, die besagt, dass zu hellem Fleisch und Fisch Weißwein und zu dunklem Fleisch Rotwein gereicht wird. Grundsätzlich kann man sich auch an diese Regel halten, obwohl sie heute etwas gelockert ist. So werden heute auch leichte Rotweine zu Fisch gereicht. Eine weitere Grundregel lautet: Leichte Weine werden vor schweren, trockene vor lieblichen, jüngere vor älteren und weiße vor roten gereicht.

Wird eine Suppe als Vorspeise gereicht, wird kein Wein dazu getrunken. Mit dem Dessert können Gastgeber einen süßen Wein oder einen Schaumwein servieren.

Wein darf nicht gemischt werden. Sollte also noch ein Rest Weißwein im Glas sein, darf hier nicht Rotwein oder eine andere Sorte Weißwein eingeschenkt werden. Füllen Sie auch keine halbvollen Gläser nach. Vor allem nicht, wenn es sich um Rotwein handelt. Es sollten nur ganz leere Gläser nachgeschenkt werden. So kann Ihr Gast auch am besten kontrollieren, wieviel er getrunken hat. Sollten Sie nichts mehr trinken wollen, lassen Sie einen kleinen Rest im Glas.

Tipp: Verzichten Sie als Weinkenner darauf, den Wein lautstark durch die Zähne zu ziehen und zu kauen, um seinen Geschmack zur vollen Entfaltung zu bringen. Bei einer Weinverkostung dürfen Sie dies ruhig tun, bei einem Essen verzichten Sie darauf.

Wird mit der Speisenfolge der Wein gewechselt, während Sie noch vom ersten Wein etwas im Glas haben, müssen Sie dieses nicht austrinken. Sie können aber den Wunsch äußern, beim leichteren Wein zu bleiben.

Abgerundet wird ein Essen mit einem Digestif. Hierzu zählen hochprozentige Getränke wie Cognanc, Whisky, Magenbitter oder Schnäpse. Sie helfen das Essen zu verdauen.

Werden Sie, statt nach einem Digestif, als Abschluss nach einem Kaffee oder Mocca gefragt, bestellen Sie nicht unbedingt einen Latte Macciato oder Milchkaffee. Milch ist nicht förderlich für die Verdauung, wohingegen ein Kaffee ohne Milch oder ein Mocca die Verdauung anregt.

Umgang mit Kaffeelöffeln

Rühren Sie mit dem Kaffeelöffel nur (leise!) um und legen Sie ihn dann gleich auf die Untertasse. Ein Kaffeelöffel wird nicht in den Mund genommen und abgeleckt – egal wieviel Schaum an ihm haftet.

Wie hält man ein Weinglas?

Das Weinglas wird am Stiel gehalten. So wird der Weißwein oder Perlwein nicht warm, Sie können die Gläser beim Anstoßen klingen hören und hinterlassen keine Fingerabdrücke auf dem Glas. Rotweingläser werden allerdings nicht, um den Wein zu erwärmen, am Glasbauch gehalten. Sie wollen auch hier Fingerabdrücke vermeiden. Der Cognac-Schwenker hingegen wird am Glasbauch gehalten. Der Stiel ist ohnehin viel zu klein, um das Glas hier zu halten. Durch das Halten am Glas wird der Cognac erwärmt.

Das formvollendete Zuprosten ist die Aufgabe des Gastgebers oder des Ranghöheren. Hierzu wird das Glas am Stiel gehoben und Sie schauen Ihre Gäste an. Sich nur auf das Glas zu konzentrieren gilt als stillos. In großer Runde wird nicht angestoßen, so dass die Gläser klingen. Dies gelingt nur in einer Runde, in der man alle Gäste leicht ohne Strecken erreichen kann. Meistens ist hier eine Anzahl von vier bis fünf Personen die Obergrenze.

In der Regel wird nur mit Getränken wie Wein, Sekt oder Champagner angestoßen. Sollten Sie aber keinen Alkohol trinken, sind Sie vom Anstoßen nicht ausgenommen. Selbstverständlich dürfen Sie auch mit Mineralwasser oder Saft den anderen zuprosten. Mit Getränken wie Bier, Cocktails oder Digestifs sollten Sie die Gläser aber nur anheben.

Worte wie: „Zum Wohl" oder „Prosit" (lat: es möge nützen) sind hier am schönsten. Das Ritual des Prostens sieht folgendermaßen aus: Glas heben → Zuprosten → (Anstoßen) → Blickkontakt → Trinken → Glas anheben → Glas absetzen. Und nicht vergessen: Vor dem Trinken den Mund mit der Serviette abtupfen!

RICHTIG: Stielglas am Stiel halten

Wenn etwas schief geht

Während des Essens können so einige unvorhergesehene Dinge passieren. Abgesehen von der herunterrutschenden Serviette, die bereits behandelt wurde, gibt es noch das berühmte Haar in der Suppe.

Tipp: Welches Malheur Ihnen auch immer passiert, bleiben Sie gelassen. Oft merken die anderen Gästen dann nicht einmal, dass etwas passiert ist.

Sollten Sie jemals ein Haar, Tiere oder andere Dinge in Ihrem Essen finden, die dort nichts zu suchen haben, dann rufen Sie nicht vor

Entsetzen aus: „Igitt, was haben wir denn da!" Rufen Sie den Kellner heran und weisen Sie ihn mit ruhiger Stimme und diskret darauf hin. Der Kellner wird Ihnen sofort eine neue Speise bringen.

Rufen Sie auch nicht lauthals „Herr Ober" durch das Lokal, eine weibliche Entsprechung für die Anrede gibt es ohnehin nicht. Merken Sie sich die Namen der für Sie zuständigen Oberkellner. Galanter ist es, Kontakt durch Blickkontakt aufzunehmen. Aufmerksames Personal wird Sie auch so bemerken.

Auch bei Kork im Weinglas rufen Sie den Service und lassen sich ein neues Glas bringen. Versuchen Sie niemals, den Kork mit den Fingern aus dem Weinglas zu fischen.

Ihr Handy schalten Sie beim Essen ab, für den großen Notfall nutzen Sie den Vibrationsalarm oder – ganz elegant! – hinterlassen Sie das Mobiltelefon beim Oberkellner. Dieser ruft Sie dann an den Apparat, wenn es klingelt. Einige Restaurants bieten inzwischen sogar einen speziellen Handy-Service an.

Rotwein auf der Tischdecke wird keinesfalls hektisch mit Salz bestreut. Machen Sie kein Aufheben, die Kellnerin deckt den Fleck mit einer Deckserviette ab. Ist ein Tischnachbar in Mitleidenschaft gezogen, bitten Sie formvollendet um Verzeihung, bieten Sie Hilfe an und wenn nötig Wiedergutmachung. Bei einem großen Schaden bei einem weiblichen Gast ist ein Blumenstrauß ein gutes Trostpflaster.

Fällt Ihnen ein Stück Brot auf den Fußboden, lassen Sie es einfach liegen. Kleckern Sie auf Ihren Anzug, überlassen Sie die Fleckbeseitigung der Reinigung. Lässt Ihnen der Fleck aber gar keine Ruhe, entschuldigen Sie sich nach dem Essensgang und behandeln den Fleck auf der Toilette.

Reklamationen werden ebenfalls diskret und mit Würde vorgebracht. Ob zu viel Salz auf den Kartoffeln oder Korkgeschmack im Wein – weisen Sie einen Servicemitarbeiter umgehend darauf hin und erbitten Sie Ersatz. Lassen Sie Ihre Wut nicht nach dem Essen an dem Kellner aus, denn dann kann er den Fehler nicht mehr beheben. Seine einzige Möglichkeit besteht dann darin, Ihnen ein „Trostpflaster" als Entschuldigung zu geben.

Tabus bei Tisch

Zu den absoluten Tabus bei Tisch gehören folgende Verhaltensweisen:
- Die Ellenbogen auf den Tisch stützen.

- Rauchen, während andere noch essen.
- Messer in den Mund nehmen.
- Mit Besteck gestikulieren.
- Mit vollem Mund reden.
- Mit dem Essen beginnen, bevor alle ihre Speise auf dem Tisch stehen haben.
- Sakko ausziehen und an den Stuhl hängen.
- Handy auf den Tisch legen.
- Benutztes Besteck auf dem Tischtuch ablegen.
- Essensreste am Glasrand hinterlassen.
- Speisen würzen, ohne sie probiert zu haben (Ausnahme: frischer Pfeffer).
- Bei einem Büffet Speisen auf einem Teller mischen (Dessert + Hauptgang).
- Zur Kühlung von Speisen pusten – warten Sie einfach ein wenig.
- Das Essen herunterschlingen.
- Essen beriechen.
- Rülpsen.
- Schlürfen.
- Weinflasche beim Einschenken auf dem Glasrand ablegen.
- Einmal angefaßtes Brot wieder zurück in den Brotkorb legen.
- Teller nach dem Essen zurückschieben.
- Zahnstocher am Tisch benutzen – auch nicht hinter vorgehaltener Hand.

Für den letzten Punkt entschuldigen Sie sich kurz bei Ihrem Tischnachbarn und erledigen dies auf der Toilette.

Raucher–Knigge

Raucher haben beim Essen schlechte Karten. Zwischen den Gängen und während des Essens wird nicht geraucht. Die letzte Gelegenheit, vor dem Essen zu rauchen, ist beim Aperitif. Zücken Sie Ihre Zigarettenschachtel dann erst wieder nach dem Dessert. Dass wirklich erst dann geraucht werden darf, erkennen Sie daran, dass plötzlich Aschenbecher auf dem Tisch auftauchen. Rauchen alle, wird das natürlich anders gehandhabt. Fragen Sie aber immer nach, ob es stört, wenn Sie rauchen. In manchen Restaurants gibt es Raucherzonen. Erkundigen Sie sich beim Kellner danach. Es gibt allerdings heute immer mehr Restaurants, in denen das Rauchen nicht gestattet ist.

Sollten Sie sich in Büroräumen aufhalten, zwingen Sie Ihre Kollegen nicht zum passiven Mitrauchen. Es gibt hier auch kein Gewohnheitsrecht. Es gelten betriebsinterne Regelungen am Arbeitsplatz.

Zigarren

Grundsätzlich kann man behaupten: Zigarren, Stress und Hektik lassen sich nicht vereinen. Rauchen Sie langsam, mit Ruhe und Muße! Rauchen Sie nicht im Akkord. Der Kopf der Zigarre sollte recht trocken bleiben. Ziehen Sie zu oft, wird sie heiß und das Aroma kann bitter werden. Behalten Sie den Rauch einige Sekunden im Mund und genießen Sie die feine Würze.

Die Bauchbinde

Die Bauchbinde hat die Funktion, das Deckblatt zu schützen. Aber sollte sie entfernt werden? An diesem Punkt scheiden sich die Geister. Eine anerkannte Regel gibt es nicht. Es gilt: Jeder nach seiner Facon! Die Banderole ist angeblich auf eine exzentrische Mode von Katharina der Großen im 18. Jahrhundert zurückzuführen. Sie war eine starke Raucherin und ließ ihre Zigarren mit kleinen Stoffbändern umwickeln, damit ihre Finger sauber blieben. Diese Idee wurde bald kommerzialisiert. Die erste Banderole stellte 1830 das Unternehmen Aguila de Oro her.

Das Anschneiden

Der Schnitt soll sauber und gleichmäßig sein, sodass die Zigarre richtig ziehen und der Raucher genug Rauch durch die Öffnung inhalieren kann. Der Schnitt sollte grundsätzlich ein wenig kleiner sein als der Durchmesser der Zigarre, sodass die Rundung des Kopfes noch leicht erhalten bleibt.

Das Anzünden

Viele echte Connaisseurs schwören auf den schönen und edlen Zedernholzspan, der aber nicht zwingend notwendig ist. Auf keinen Fall sollten Sie ein Benzinfeuerzeug benutzen!
Welche Flamme sie auch immer verwenden, nähern Sie sie der Zigarre bis auf circa einen Zentimeter. Drehen Sie die Zigarre gleichmäßig über der Flamme, sodass sich das Ende gleichmäßig erwärmt und an den Rändern ein wenig glimmt. Nun ziehen Sie mit kleinen kurzen Zügen an der Zigarre, wobei Sie sie über der Spitze der Flamme drehen, bis die gesamte Fläche gleichmäßig Glut zeigt.

Das Rauchen

Eine Zigarre wird etwa bis zum letzten Drittel geraucht. Dann können Sie sie getrost in den Aschenbecher legen, sie erlischt bald von selbst. Ein Ausdrücken hätte nur unnötige Rauchentwicklung zur Folge. Die Asche spielt während des Rauchens eine wichtige Rolle: Eine qualitativ hochwertige Zigarre mit Langblatt-Einlage produziert eine schöne feste Krone aus Asche. Hat sie eine Länge von zwei bis drei Zentimetern erreicht, sollte sie vorsichtig im Aschenbecher abgestreift werden. Klopfen Sie die Zigarre nicht wie eine Zigarette ab!

Quelle: www.justbeman.de, Stand 02/2005

Übung 53:
Zu jedem Essen gibt es Brot. Aber wie isst man Ciabatta oder Baguette richtig?

Übung 54:
Die Schlacht am kalten Büffett ist sprichwörtlich – hier kann man wirklich korrekte Umgangsformen zeigen. Muss man die einzelnen Gerichte in einer bestimmten Reihenfolge zu sich nehmen?

Übung 55:
Beobachten Sie bei der nächsten Veranstaltung, wie Gäste Ihre Gläser halten. Wie ist es korrekt?

Übung 56:
Sie erwarten Gäste und müssen für ein 4-Gänge Menü (Salat, Suppe, Hauptgericht, Dessert) den Tisch eindecken. Wo plazieren Sie was?

Knifflige Speisen verzehren

Die Frage „Wie isst man was?" beschäftigt uns oft dann, wenn wir unser Menü nicht selbst ausgewählt haben und mit Gerichten konfrontiert werden, die wir noch nicht kennen. Einige ausgewählte Speisen haben wir nachfolgend zusammengestellt, um Ihnen die Unsicherheit zu nehmen. Grundsätzlich gilt aber: wenn Sie den Hummer nicht selbst knacken oder den Fisch nicht filetieren möchten, bitten Sie einfach den Ober, dies für Sie zu erledigen. Das ist kein Fauxpas.

Ananas

Wird in Scheiben geschnitten serviert und mit dem Obstbesteck gegessen.

Äpfel

Der Apfel wird geschält, das Kerngehäuse entfernt, in mundgerechte Stücke geschnitten und dann mit dem Obstbesteck gegessen.

Artischocken

Artischocken werden meist lauwarm als Vorspeise serviert. Man zieht von unten beginnend Blatt für Blatt aus der Frucht heraus und tunkt sie in die Saucen, die oberhalb des Gedecks stehen. Nur der untere dicke Teil des Artischockenblattes ist genießbar, dieser wird mit den vorderen Zähnen gefasst und herausgezogen. Der Blattabfall kommt in bereitgestellte Schälchen oder auf Teller. Wenn alle Blätter abgezupft sind, bleibt als Rest der Boden mit dem „Heu". Das ungenießbare „Heu" wird gegen den Strich mit dem Messer oder einem Löffel entfernt und kommt zu den Abfällen. Der Artischockenboden wird mit einer Gabel zerteilt, in die gewünschte Sauce getaucht und gegessen. Für das sogenannte „Herz" werden Messer und Gabel benutzt und nicht die Finger.

Austern

Stil beweist, wer die Auster mit einem echten Austernmesser öffnen kann. Wer kein Austernmesser mit seiner typischen, kurzen, breiten Schneide hat, kann auch ein Parmesanmesser oder ganz simpel ein stabiles Küchenmesser mit einer kurzen Klinge benutzen.
Als Erstes muss die Hand geschützt werden, mit der die fest verschlossene Muschel angefasst wird. Hierzu kann man einen alten Handschuh verwenden oder die Hand dick in Küchentuch einpacken. Die Auster nun in die flache Hand legen, das Messer genau hinter dem Scharnier der Auster ansetzen und beherzt flach zwischen den beiden Schalen hineinstechen. Nun noch ein kleiner Schnitt vom Scharnier weg und schon lässt sich die obere Muschelschale leicht abheben.
Nun heißt es vorsichtig sein: Nichts von der kostbaren Flüssigkeit, in der das Austernfleisch schwimmt, darf verloren gehen - das ist der so genannte Austernsaft, der frisch nach Meer schmeckt. Jetzt mit der

Messerklinge nur noch untern das Muschelfleisch fahren und mit einem behutsamen Schnitt das Füßchen von der Muschelunterschale lösen.

Nun endlich lässt sich die Auster mitsamt ihrem Saft genießerisch aus ihrer Schale schlürfen. Nach Belieben würzt sich jeder seine Auster entweder nur mit Zitronensaft oder mit Schalottenessig. Wer es unkomplizierter mag, kann sich auch einfach eine bereits fertige Austernplatte bestellen. *Quelle: www.nordsee.at*

Avocoado

Sie wird meist halbiert und gefüllt angeboten. Man hält die Frucht in der linken Hand und schält das Fruchtfleisch mit einem kleinen Löffel heraus.

Bananen

Der Stiel der Banane wird umgeknickt, die Frucht bis zur Hälfte abgeschält. Das freigelegte Stück wird verspeist, dann schält man weiter und verzehrt den Rest. Bananen können aber auch mit Messer und Gabel gegessen werden. Der Stiel und das Ende werden mit dem Messer abgeschnitten. Die Schale wird an der oberen Seite eingeschnitten. Nun kann die Banane mit Hilfe des Messers quer ausgewickelt und stückchenweise mit Messer und Gabel gegessen werden.

Birnen

Da sie meist sehr saftig sind, sollte man Obstmesser und Gabel dazu verwenden.

Garnelen/Scampis

Bekommen Sie Garnelen mit Panzer geliefert und finden keine Fingerschale, sollten Sie den Tierchen mit Messer und Gabel zu Leibe rücken. Hierfür wird als Erstes der Kopf mit einem Messerschnitt vom Körper getrennt. Halten Sie mit der Gabel den Körper fest und gleiten nun mit dem Messer an der Bauchseite unter den Panzer. Am besten geht dies an der Stelle, wo eben noch der Kopf gewesen ist. Nun können Sie langsam den Panzer vom Fleisch lösen. Entweder schneiden Sie den letzten Teil vom Schwanz einfach ab und lassen die Schwanzflosse und seinen Inhalt liegen oder Sie klemmen die Flosse am Ende zwischen Messer und Teller ein und versuchen durch leichtes Ziehen mit der Gabel am freigelösten Körper den letzten Rest aus der Flosse zu lösen. Oder, Sie bestellen die Scampi gleich ausgelöst.

Geflügel

Gebratene oder gegrillte Hähnchen werden mit Messer und Gabel gegessen, sofern Sie keine Fingerschale oder ein Erfrischungstuch vorfinden. Allerdings sieht es immer appetitlicher aus, wenn man mit Messer und Gabel isst. Bei Truthahn und Gans wird das Brustfleisch mit einem Messer entlang dem Brustbein abgelöst und in Scheiben geschnitten verzehrt. Die Keulen, die man mit dem Tranchiermesser abtrennt, sollten auch mit Messer und Gabel verzehrt werden.

Hummer

Innerhalb einer Menüfolge wird in der Regel das Hummerfleisch aus Beinen, Scheren und Schwanz halbiert oder schon ganz ausgelöst serviert. Das Fleisch von Schere und Beinchen zieht man mit der Hummergabel heraus.

Bei einem klassischen Hummeressen, bei dem es nur Hummer gibt, dürfen sogar Schere und Beine in die Hand genommen und ausgesaugt werden. Vorab bekommen Sie zum Schutz Ihrer Kleidung eine Serviette, die Sie sich wie ein Lätzchen um den Hals binden.

Meist gibt es Fingerschälchen mit Zitronenwasser, um die Hände nach dem Essen zu reinigen. *Quelle: www.nordsee.at*

Kaviar

Stilecht wird er mit einem Perlmuttlöffelchen gegessen. Der Kaviargeschmack kann sich unter einer Metallberührung verändern. Da er meist in kleineren Portionen gereicht wird, legt man den Kaviar mit einem Löffel auf ein Stück mundgerechtes Baguette oder Toast.

Käse

Ist eine Zwischenmahlzeit, die häufig zwischen Hauptgericht und Dessert gereicht wird. Die verschiedenen Käsesorten werden mit dem beigelegten Käsemesser in kleinen Portionen abgeschnitten, dazu gibt es verschiedene Brotsorten. Man beginnt mit einer milden Sorte und lässt dann die herzhafteren und pikanteren Sorten folgen.

Kirschen

Kirschen werden frisch serviert und mit den Fingern gegessen. Den Kern darf man diskret in der Faust verschwinden lassen, um ihn dann auf dem Teller abzulegen.

Krebse

Mit der linken Hand aus der Schale lösen. Mit der rechten Hand den Schwanz ausbrechen und seitlich aufschneiden. Die Spitze der Schere abschneiden und das Fleisch mit einer zweizinkigen Gabel herausholen. Den Rückenpanzer mit der Hand auseinander biegen. Das Fleisch mit dem Krebsbesteck essen.

Maiskolben

Werden die Maiskolben in rustikalen Ambiente serviert, können Sie den Kolben mit den Fingerspitzen anfassen und abnagen. Die schönere Alternative ist, wenn Sie den Kolben zwischen zwei Gabeln aufspießen und dann essen.

Mandarinen

Mandarinen schält und isst man Stück für Stück mit den Fingern.

Muscheln

Miesmuscheln werden in einer Terrine serviert. Man nimmt eine der zweihälftigen Schalen, pult bei dieser ersten Muschel das Fleisch mit der Gabel heraus. Die nun leeren Schalenhälften, die noch miteinander verbunden sind, dienen nun als Zange für die weiteren Muscheln. Sollte eine Muschel noch geschlossen sein, darf sie nicht gegessen werden, sie ist dann schlecht.

Orange

Die Orangen am oberen Ende im Kreis um den „Stengelansatz" herum anritzen, so dass dieser dann wie ein Deckel abgenommen werden kann. Schale mehrmals mit dem Obstmesser längs der Orange anritzen, Schale entfernen, weiße Haut auf dem Fruchtfleisch abziehen, Frucht teilen, die Stücke mit den Fingern vom Obstteller nehmen.

Pastete

Diese wird niemals mit dem Messer geschnitten, sondern nur mit der Gabel oder eventuell mit einem Löffel gegessen.

Pfirsiche

Ob geschält oder ungeschält, Pfirsiche werden immer mit dem Obstbesteck gegessen.

Pflaumen

Pflaumen bricht man mit den Fingern auf und entfernt vorsichtig den Kern. Fruchtfleisch wird mit der Hand zum Mund geführt.

Schrimps und Nordseekrabben

Sie dürfen mit den Händen ausgelöst, müssen aber mit Messer und Gabel gegessen werden. Hierbei nehmen Sie ein Tier in die Hand und drehen als erstes den Kopf ab. Dann drehen Sie die Bauchseite zu sich hin und knacken mit den beiden Daumen den Panzer auseinander. Jetzt läßt sich der Panzer ganz leicht vom Körper ablösen. Zum Schluss halten Sie den Körper in der linken Hand und mit der rechten am Ende des Schwanzes fest. Mit einem Ruck lösen Sie das letzt Fleisch der Flosse aus.

Spaghetti

Italienische Gourmets erklärten folgende Methode für die richtige: Die Gabel wird in die Mitte der Spaghetti gesetzt und langsam gedreht, damit sich die Nudeln aufrollen. Dann führt man die Gabel zum Mund.
Am besten nehmen Sie nur 3 – 4 Spaghettis zwischen die Zinken und wickeln diese am Tellerrand auf Ihre Gabel. Tun Sie dies möglichst solange, bis keine langen Spaghettienden mehr herabhängen. Enden mit bis zu 2 cm können Sie ohne Probleme in den Mund bekommen. Es ist übrigens stillos, Spaghetti zu schneiden. Weniger versierte Spaghettifans sollten aber den Gebrauch eines Löffels nicht verachten.

Spargel

Spargel werden von Fachleuten mit der Spitze nach links auf dem Teller serviert. Er wird heute meist nicht mehr mit der Hand gegessen, sondern mit dem Messer zerteilt. Man isst ihn immer von der Spitze her.

Weinbergschnecken

Das Gehäuse wird mit der Schneckenzange gehalten, mit der Schneckengabel zieht man das Fleisch auf den bereit liegenden Esslöffel heraus. Dann gibt man die Kräuterbuttersoße aus dem Gehäuse über das Fleisch und führt den Esslöffel zum Mund. Mit dem Toastbrot saugt man die restliche Kräuterbutter von der Schneckenpfanne auf (hier ist das Aufsaugen mit Brot also erlaubt!).

Weintrauben

Ein Teilast wird abgebrochen, um dann die Trauben mit den Fingern von der Rispe abgezupft zum Mund zu führen.

Lektion 10:
Einladungen aussprechen und annehmen

Schon in der Art, wie Sie jemanden einladen oder selbst auf eine Einladung reagieren, können Sie Stil zeigen. Sie erfahren in dieser Lektion, welche wichtigen Themen in einer Einladung angesprochen werden müssen, damit Ihre Gäste wissen, was auf sie zukommt und was von ihnen erwartet wird. Und wir klären natürlich auf, wann Sie als Gast sportlich leger oder festlich erscheinen und was Sie als Gastgeschenk mitbringen können.

Wenn Sie eine Einladung zu einer Veranstaltung aussprechen, ob Geschäftsessen oder Firmenjubiläum, müssen Sie immer auf folgende Punkte eingehen: Wer, wann, wohin, zu welcher Veranstaltung und aus welchem Anlass einlädt. Um dem Eingeladenen die Zu- oder Absage zu erleichtern, wird einer schriftlichen Einladung eine Antwortkarte oder ein Antwortfax beigefügt. Oft trifft man auf die Formulierung „Ich komme mit ... Personen.", die nicht ganz eindeutig ist. Es stellt sich die Frage, ob man sich selbst dazu zählt oder nicht. Benutzen Sie deshalb bei der Gestaltung Ihrer Einladungen besser die Version „Ich nehme teil und bringe ... Personen mit".

So wie eine Einladung ausgesprochen wurde, wird sie auch angenommen oder abgelehnt! Wenn Sie eine schriftliche Einladung per Post bekommen haben, sollten Sie diese auch per Brief erwidern. Warten Sie auch nicht zu lange mit der Antwort, Ihre Gastgeber haben sicher einige Vorbereitungen zu treffen.

Vermerke auf Einladungen und was sie bedeuten

Zusätzlich finden Sie Zeitvermerke oder Bekleidungsvermerke auf der Einladung, die unbedingt einzuhalten sind. Dazu gehören:

● U.A.w.g.: „Um Antwort wird gebeten" mit einer Datumsangabe. Im Englischen bzw. Französischen werden die Kürzel r.s.v.p.: „respondez s'il vous plaît" plus Datumsangabe benutzt.

● Im universitären Umfeld finden Sie oft die Abkürzungen:
c.t. (lat.: cum tempore = mit Zeit) + Uhrzeit, was Ihnen eine Verspätung der akademischen Viertel Stunde erlaubt.

s.t. (lat.: sine tempore = ohne Zeit) + Uhrzeit: Mit dieser Angabe werden Sie gebeten, pünktlich Ihre Plätze einzunehmen.
p.m. pour memoire,
Bei Einladungen von Ehrengästen, die als Redner oder Vortragende für einen Event gebucht werden und danach schriftlich eingeladen werden, wird auf der Einladung das u.A.w.g. durch p.m. ersetzt. Das u.A.w.g. kann einfach durchgestrichen werden und durch eine handschriftliches p.m. ersetzt werden. Der Ehrengast hat ja bereits mit der Buchung seines Auftritts zugesagt.

Kleidervermerke – welcher Anzug ist richtig?

Neben den zeitlichen Aspekten finden Sie oft auch Kleidervermerke auf Einladungen. An diese sollten Sie sich halten, denn der Gastgeber hat die Veranstaltung in einem bestimmten Rahmen geplant, den Sie bitte respektieren sollten. Aber was ist denn nun damit gemeint, wenn z.B. der Vermerk „Smoking" – im Englischen „black tie" – ausgewiesen ist? Für den Herren bedeutet dies, er möge im Smoking kommen bzw. bei Freiluftveranstaltungen im Dinnerjackett. Die Dame trägt bei diesem Vermerk feierliche Garderobe, also ein langes Abendkleid, aber nicht das große Ballkleid. Dieses wäre nur passend, wenn der Herr im Frack kommt. Dazu wird er mit den Worten „white tie" in der Einladung aufgefordert.
Unter die Rubrik Abendkleidung fallen folgende Möglichkeiten für den Herren: dunkler Anzug, Smoking oder Frack, letzteres ist aber heutzutage meistens nur auf Bällen und Galen angebracht. Denken Sie daran: Smoking und Frack dürfen die Sonne nicht sehen. Bei offiziellen und hochoffiziellen Veranstaltungen, die vor 17:00 Uhr beginnen, trägt der Herr einen schwarzen Anzug mit steigenden Revers, Paspeltaschen und schlitzlosem Rückenteil oder auf Hochzeiten z.B. auch einen Cut. Bei Veranstaltungen, die später anfangen, ist statt eines Smokings ein dunkler Anzug nie verkehrt.
Wie leger dürfen Sie kommen, wenn auf einer Firmenveranstaltung „sportlich leger" vermerkt ist? Dieser Dresscode bedeutet für Sie eine Kombination (siehe Dresscode), lange Stoffhose, Hemd oder Poloshirt und Sakko. Eine Krawatte wird eher nicht erwartet.
Beachten Sie hier, dass es sich um eine Firmenveranstaltung handelt und Sie nicht zu leger auftreten können. Also keine Turnschuhe, kurze Hosen oder Jogginghosen.

Weitere Vermerke sind: „Eintritt nur mit Kostüm und Maske" oder „feierliche Kleidung erwünscht". Der Dresscode „Kostüm und Maske" ist selbstredend, man erwartet eine Verkleidung von Ihnen. Unter der Rubrik feierliche Kleidung kann natürlich vieles fallen. Hierbei sollten Sie aber immer den Beginn der Veranstaltung im Hinterkopf haben. Es gehört zum guten Ton, sich bei allen Gastgebern persönlich zu verabschieden und sich für die Einladung zu bedanken. Ob im privaten oder geschäftlichen Umfeld sollten Sie sich ein bis zwei Tage nach dem Fest beim Gastgeber melden und sich nochmals für das gelungene Fest bedanken. Dies kann sowohl per Telefon als auch per Brief geschehen.

Veranstaltungsformen im Business

Im beruflichen Umfeld gibt es einige Veranstaltungsformen, die wir hier kurz ansprechen möchten.

Tipp: Im Vorfeld jeder Veranstaltung stellen Sie sich die folgenden Fragen und Sie sind jeder Situation gewachsen:
- Wie pünktlich muss ich erscheinen?
- Was muss ich anziehen?
- Wird ein Geschenk erwartet oder reicht ein Blumenstrauß?
- Gibt es etwas zu essen oder sollte ich vorher etwas zu mir nehmen?
- Gibt es die Möglichkeit, Kontakte zu pflegen und auszubauen?
- Bin ich allein eingeladen oder darf ich jemanden mitbringen?
- Wann ist es angebracht, aufzubrechen?

Das Firmenjubiläum (abends im eleganten Hotel):

Pünktlichkeit:	Toleranz minimal
Kleidung:	Dunkler Anzug, Smoking; langes Abendkleid
Geschenk:	Nein
Essen & Trinken:	Festlich
Kontakte:	Gut
Mitbringen von Personen:	Nein
Aufbrechen:	Nach den Programmpunkten bzw. nach dem Festessen

Empfang (z.B. Jubiläum der Stadt um 11:00 Uhr vormittags)

Pünktlichkeit: Ja, wenig Toleranz

Kleidung: Festlich, Anzug, Kostüm oder knielanges Kleid

Geschenk: Nein

Essen & Trinken: Stehparty, Getränke und Canapés

Kontakte: Eigeninitiative notwendig

*Mitbringen von
Personen:* Nein

Aufbrechen: Nachdem die Ehrengäste gegangen sind

Das Abendessen bei Ihrem Chef (privat):

Pünktlichkeit: Ja, keine Toleranz

Kleidung: Business casual, wenn nicht anders ausgewiesen

Geschenk: Ja, Blumen, Konfekt oder Aufmerksamkeit

Essen & Trinken: Festlich

Kontakte: Gut

*Mitbringen von
Personen:* Nein

Aufbrechen: $1/2 - 3/4$ Stunde nach dem Mocca

Firmen–Golfveranstaltung (Golfclub, tagsüber):

Pünktlichkeit: 2 Stunden vor Turnierbeginn

Kleidung: Sportlich leger – sportlich elegant zum Abendessen

Geschenk: Nein

Essen & Trinken: Festlich

Kontakte: Gut

*Mitbringen von
Personen:* Nein

Aufbrechen: Nach den Programmpunkten bzw. nach dem Fest-essen

Tipp: Sind Sie auf einem Stehempfang eingeladen, halten Sie Ihr Glas am besten in der linken Hand, so haben Sie zur Begrüßung immer die rechte Hand frei.

Haben Sie sowohl Glas als auch Teller zu halten, suchen Sie sich möglichst ein Plätzchen im Raum, wo Sie das Glas in Ihrer Nähe abstellen können. Geeignet sind hierfür Fenstersimse, kleine Stehtische, Kaminsimse oder sogar eine Bar, wenn vorhanden.

Was schenkt Mann?

Die häufigsten Anlässe für Gastgeschenke im beruflichen Umfeld sind Geschäftsbesuche, Einladungen zum Essen sowie Konferenzen und Events. Als Gastgeschenke bezeichnet man zum einen Geschenke, die Sie als Gast mitbringen, als auch Geschenke, die vom Gastgeber als Erinnerung an die Gäste übergeben werden. Bei der Auswahl des Geschenks sollten die Beziehung zum Beschenkten, die Position und die persönlichen Interessen berücksichtigt werden.

Je seltener ein Ereignis gefeiert wird, desto aufwändiger ist das Geschenk. Die Präsente sollten aber nicht zu groß ausfallen, damit sie nicht als Verpflichtung empfunden werden. Verzichten Sie auch auf Präsente mit Werbeaufdruck.

Tipp: Entscheiden Sie sich für Geschenke mit regionalem Bezug, wie beispielsweise einen Bildband aus der Region. Auf keinen Fall ausländische Produkte mit dem Label „Made in Hongkong" auswählen.

Gastgeschenke müssen nicht persönlich überreicht werden. Bleiben Ihre Gäste beispielsweise bei einem Event über Nacht, können Sie als Gastgeber die Präsente in das Hotelzimmer legen lassen. Vergessen Sie dabei nicht, eine Visitenkarte mit einem persönlichen Gruß beizulegen.

Tipp: Als gute Gedankenstütze beim Schenken bietet sich das Führen einer Geschenke- und Interessendatei an, damit Sie den Überblick behalten.

Blumen als Geschenk

Mit einem Blumengeschenk liegen Sie als Mann immer richtig. Blumen eignen sich als Zeichen der Verbundenheit, für positive und negative Anlässe. Verzichten Sie bei größeren Festen, Empfängen oder Einladungen zu Vernissagen auf das Mitbringen der Blumen. Lassen Sie den Strauß besser mit einem schriftlichen Dank für die Einladung nach dem Fest liefern.

Zum Blumenstrauß bei offiziellen Feiern gehört eine Karte mit einem persönlichen Grußtext. Vor der Übergabe entfernen Sie bitte die Papierverpackung – Klarsichtfolie wirkt jedoch repräsentativ und darf bleiben. Am schönsten wirkt der Blumenstrauß jedoch immer ohne Verpackung.

Wenn Sie als Paar eingeladen sind, ist das Überreichen der Blumen Sache des Herrn. Sind die Gastgeber ebenfalls ein Paar, reicht der eingeladene Herr der Dame des Hauses den Strauß. Höfliche Gastgeber stellen Schnittblumen sofort in eine Vase.

Welche Blumen zu welchem Anlass?

Die früher einmal geltende „Blumensprache" beherrscht heute kaum noch jemand. Sie können deshalb – mit Ausnahme von roten Rosen als Zeichen der Liebe sowie Nelken, die immer noch als Grabblumen gelten – alle Blumensorten ohne Bedenken verschenken. Seien Sie ruhig mutig und greifen Sie auch mal zu exotischen Blumen. Falls Sie unsicher sind, lassen Sie sich von Ihrem Floristen beraten.

Gastgeschenke im Ausland

China

Wenn Sie wissen, dass Ihr Geschäftskontakt raucht, machen Sie sich mit einer Stange (nicht einer Packung) Marlboro oder 555 (san wu) einen Freund fürs Leben. Blumen sind als Gastgeschenk in China nicht üblich. Man ehrt dort üblicherweise die Toten mit Blumen.

Frankreich

Blumen sind für eine private Geschäftseinladung durchaus angebracht. Im Gegensatz zu Deutschland bleibt der Strauß bei der Übergabe im Papier eingewickelt. Vorsicht: Keine Nelken verschenken!

Italien

Gastgeschenke sind in Italien gern gesehen. Mit einer guten Flasche Wein oder einem Strauß Blumen (keine Chrysanthemen) sind Sie für eine private Einladung zum Essen perfekt ausgerüstet.

Japan

Es ist absolut üblich, Gastgebern schon bei Ihrer Ankunft Geschenke zu machen. Überreichen Sie diese immer mit beiden Händen. Die Geschenke sollten auch hochwertig eingepackt sein. Verschenken Sie keine weißen Blumen, Weiß ist in Japan die Farbe der Trauer.

Übung 57:
Wie sagen Sie die Einladung zu einem Firmenjubiläum stilvoll ab?

_____

Übung 58:
Zu welchen geschäftlichen Anlässen sind Gastgeschenke üblich?

_____

Übung 59:
Wann sollten Sie sich von einer Veranstaltung/Einladung verabschieden?

_____

Übung 60:
Was bedeuten die Abkürzungen c.t. und s.t. auf Einladungen?

_____

Lektion 11: Benimmfallen

Sollte ein Mann bei einem Fest im selben Outfit kommen wie seine Partnerin? Wie lange dürfen Sie mit der Frau eines Kollegen tanzen? Wieviel dürfen Männer bei einer Betriebsfeier trinken? Wir stellen Ihnen hier neben einigen allgemeinen Benimmfallen auch solche vor, in die gerade Männer gerne tappen.

Unpünktlichkeit

Achten Sie immer darauf, pünktlich zu sein. Gehen Sie mit der Zeit anderer um, als sei es Ihre eigene. Wenn Sie zu spät kommen, entschuldigen Sie sich für Ihre Unpünktlichkeit. Ausreden wie Stau oder hohes Verkehrsaufkommen sollten Sie aber weglassen. Seien Sie etwas kreativer.

Partnerlook

Wer kennt das Bild nicht? Mann und Frau im gleichen Outfit, einmal in Größe S und einmal in Größe L. Stilvoller Partnerlook bedeutet, dass Mann und Frau ihre Farben aufeinander abstimmen und der Stil der Kleidung ähnlich ist. Mehr nicht.

Speise des Tischnachbarn probieren

Weder bei einem privaten noch bei einem Geschäftsessen sollten Sie auf die Idee kommen, die Speisen des Nachbarn zu probieren. Auch wechselt die unangerührte Vorspeise Ihres Tischnachbarn nicht den Platz.

Mit der Frau des Kollegen oder Chefs länger tanzen

Ein Tänzchen ist durchaus erlaubt. Sie wollen aber niemanden misstrauisch machen, Ihre Karriere nicht gefährden und Klatsch vermeiden.

Teller beim Essen drehen

Während des Essens wird der Teller nicht gedreht, um besser an die Speisen zu kommen. Ein Teller wird vom Kellner so eingesetzt, dass Fisch oder Fleisch immer zum Essenden zeigt. Sie bewegen nur die Speisen auf dem Teller, nicht aber den Teller selbst.

Namen vergessen

Ist Ihnen jemand vorgestellt worden, vergessen aber während der Unterhaltung den Namen, fragen Sie ruhig noch einmal nach. Dieses sollten Sie aber nur einmal während einer Unterhaltung tun. Haben Sie den Namen wieder vergessen, suchen Sie eine andere Möglichkeit, wie z.B. gemeinsame Bekannte, die Ihnen den Namen nennen können.

Keine Verpflegung während eines langen Meetings

Haben Sie eine längere Besprechung einberufen, achten Sie darauf, dass Ihre Gäste zu trinken und zu essen bekommen. Mit knurrendem Magen kann sich keiner gut konzentrieren.

Auf dem Teller „kochen"

Kommen Sie nicht auf die Idee, Kartoffeln und Soße miteinander zu vermengen und zu mußen oder ein Dessert mit Früchten zu verrühren. Die Speisen werden wie serviert gegessen und nicht in ihrer Konsistenz verändert.

Dem Chef die Hand als Erster reichen

Es ist unhöflich, als Rangniederer dem Ranghöheren die Hand entgegenzustrecken. Warten Sie ab, bis Ihnen diese gereicht wird.

Weinflasche beim Einschenken auf das Glas aufsetzen

Beim Einschenken von Getränken sollten Sie darauf achten, dass die Flasche nicht auf dem Glasrand aufsetzt. Es können hässliche Geräusche entstehen, das Glas kann dabei beschädigt werden oder sogar umfallen.

Sonnenbrille aufbehalten

Ziehen Sie die Sonnenbrille ab, wenn Sie einem Bekannten auf der Straße begegnen. Der direkte Augenkontakt weckt Vertrauen und macht sympathisch.

Handy anlassen

Ob Theater, Besprechung, Restaurantbesuch oder Gang ins Fitnessstudio: Das Handy muss ausgeschaltet sein. Belästigen Sie Ihre Mitmenschen nicht mit nervigen Klingeltönen, sondern schalten Sie, wenn Sie dringend erreichbar sein müssen, auf „lautlos".

Negative Botschaften per SMS senden

Ob Terminverspätung beim Kunden, Absagen auf Einladungen oder andere schlechte Botschaften: Eine SMS reicht nicht aus und ist stillos. Muss die Nachricht sehr schnell ankommen, senden Sie eine SMS vorweg. Aber vergessen Sie nie, eine schriftliche Begründung hinterherzuschicken.

Sitzenbleiben zur Begrüßung

Auch Vorgesetzte (ob Mann oder Frau) stehen zur Begrüßung auf und zeigen so ihre Wertschätzung den Mitarbeitern gegenüber.

Gesprächspartner unterbrechen

Wer anderen ständig ins Wort fällt, übermittelt den Gesprächspartnern das Gefühl, unwichtig zu sein. Üben Sie geduldiges Zuhören und lassen Sie die Gesprächspartner ausreden. Nur durch aktives Zuhören erfahren Sie etwas über die andere Person und erhalten Informationen, auf die Sie im Gespräch aufbauen können.

Ein- und Nachschenken von Kaffee

Wenn Ihnen jemand Kaffee oder Tee nachschenken möchte, reichen Sie die Tasse mit der Untertasse an. Nur die Tasse am Henkel entgegenzustrecken ist nicht angebracht. Für den Einschenkenden ist es einfacher, die Tasse an der Untertasse zu nehmen und dann einzuschenken.

Benimmfalle Betriebsfeier

Das Restaurant für die Feier wurde gut ausgewählt, die Stimmung ist ausgelassen und mit den Kollegen haben Sie sich lange nicht mehr so gut unterhalten. Beachten Sie in Ihrem eigenen Interesse – auch wenn die Party noch so gut ist – , dass Sie unter ständiger Beobachtung Ihrer Kollegen und Vorgesetzten stehen. Betriebsfeiern eignen sich bestens, um einfach einmal zu checken, wie gut der eine oder andere Mitarbeiter die gesellschaftlichen Spielregeln beherrscht. Ihr Auftritt bei solchen Anlässen kann über Ihre berufliche Zukunft im Unternehmen entscheiden. Die Anzahl der Cocktails wird genauso registriert wie der kurze Flirt mit dem hübschen Kollegen aus der anderen Abteilung. Geben Sie den Klatschbasen also keine Chance und behalten Sie alles unter Kontrolle.

Flirt mit der attraktiven Vorgesetzten

Eine Chefin ist zwar auch nur eine Frau, trotzdem gilt es hier die Distanz zu wahren. Werden Sie angeflirtet, sollten Sie sich rausreden, ohne zu verletzen: „Ich fühle mich zwar geschmeichelt, will jedoch unsere Zusammenarbeit nicht gefährden."

Checken Sie Ihren Business-Stil

1. Wo steht der Brotteller bei einem offiziellen Essen im Restaurant?

   a) Links vom Gedeck. ☐
   b) Rechts vom Gedeck. ☐
   c) Oberhalb, und zwar neben den Gläsern. ☐

2. Jemand niest während eines Meetings. Was sagen Sie?

   a) „Gesundheit." ☐
   b) Nichts. ☐
   c) „Prosit!" ☐

3. Wann ist eine E-Mail nicht korrekt?

   a) Bei einer Einladung zur Betriebsfeier. ☐
   b) Bei einer Meeting-Einladung. ☐
   c) Bei Glückwünschen zu Kundengeburtstagen. ☐

4. Der Gastgeber eröffnet das Essen

   a) indem er den Gästen einen „Guten Appetit" wünscht. ☐
   b) indem er wartet, bis ein Gast sein Glas erhebt. ☐
   c) indem er mit dem Essen beginnt. ☐

5. Was machen Sie mit einer Papierserviette nach dem Essen?

   a) Auf den Teller legen. ☐
   b) Neben den Teller legen. ☐
   c) Zusammengeknüllt in den Aschenbecher legen. ☐

6. Sie sitzen mit Ihrer Kollegin Sabine Lück, mit der Sie längst per Du sind, in einem Meeting. Wie sprechen Sie sie in Anwesenheit des Kunden an?

   a) „Frau Lück" und „Sie". ☐
   b) „Sabine" und „Sie". ☐
   c) „Du" in der direkten Anrede und „Frau Lück", wenn ich über sie spreche. ☐

7. Wann kann ich den akademischen Titel meines Gesprächspartners weglassen?

   a) Wenn es zu lange dauert, ihn ständig zu nennen. ☐
   b) Wenn er mir erlassen wird. ☐
   c) Wenn ihn andere Gesprächsteilnehmer auch weglassen. ☐

8. Wann übergeben Sie die Visitenkarte bei einem Meeting?

   a) Am Ende der Besprechung. ☐
   b) Wenn ich den Namen des Gesprächspartners vergessen habe. ☐
   c) Beim Bekanntmachen. ☐

9. Sie stehen mit Ihrem Chef und einer älteren Kollegin vor dem Fahrstuhl. Wer geht zuerst hinein?

   a) Ich stehe ganz vorne, gehe also zuerst hinein. ☐
   b) Der Chef bekommt den Vortritt. ☐
   c) Die Kollegin bekommt als Dame den Vortritt. ☐

10. Wohin mit der Serviette, wenn Sie kurz den Platz verlassen müssen?

    a) Auf den Sitz des Stuhls. ☐
    b) Auf die Lehne. ☐
    c) Links neben den Teller. ☐

11. Wenn Sie in Ihren E-Mails nur Kleinschreibung verwenden, entspricht dies der Handhabung dieses modernen Mediums.

    a) ja ☐
    b) nein ☐

12. Darf die Dekoration auf dem Teller mitgegessen werden?

    a) ja ☐
    b) nein ☐

13. Wenn Sie zu einem mehrgängigen Menü verschiedene Weine genießen, „dürfen" Sie zum Vorgänger zurückkehren?

a) ja ☐
b) nein ☐

14. Die Schlacht am kalten Büfett ist sprichwörtlich – hier kann man wirklich gute Umgangsformen zeigen. Muss man die einzelnen Gerichte in einer bestimmten Reihenfolge zu sich nehmen?

a) Nein, deshalb ist es ja ein Büfett: Man kann nach Geschmack zusammenstellen. ☐
b) Ja, und zwar entsprechend der Reihenfolge der Gänge in einem Menü. ☐
c) Man geht genau zwei Mal zum Büfett, davon nur einmal fürs Dessert. Aus diesem Grund sind Büfettteller extra groß. ☐

15. Darf man bei einem mehrgängigen Essen rauchen?

a) Ja, aber nur zwischen den Gängen. ☐
b) Ja, aber nur nach dem Hauptgang. ☐
c) Ja, aber erst nach dem Dessert. ☐

16. Sind Kleidervermerke auf schriftlichen Einladungen bindend?

a) ja ☐
b) nein ☐

17. Darf man kleine Suppentassen mit Henkeln am Schluss austrinken?

a) ja ☐
b) nein ☐

18. Wird in der Anrede im Brief „Dr." abgekürzt, „Professor" aber ausgeschrieben?

a) Ja ☐
b) Nein ☐

19. Wie erscheinen Sie am ersten Tag im neuen Job?

a) Genauso wie beim Vorstellungsgespräch. ☐
b) Sie kleiden sich möglichst konservativ, um nicht unnötig für Gerede zu sorgen. ☐
c) Sie kommen in Jeans und Sakko, so passen Sie sich an alle Situationen gut an. ☐

20. Wie wird ein Weinglas angefasst?

a) Egal. ☐
b) Am Stil. ☐
c) Am Kelch. ☐
d) Am Glasboden. ☐

21. Was machen Sie mit dem berühmten Haar in der Suppe?

a) Sie zeigen allen am Tisch Ihren Fund und beschweren sich. ☐
b) Sie rufen den Kellner und bitten um eine neue Suppe. ☐
c) Sie legen es dezent auf den Unterteller und essen weiter. ☐

22. Sie sind auf einem Empfang und gehen auf einen Stehtisch zu, an dem mehrere Gäste ein Glas Sekt trinken. Einige von ihnen kennen Sie, die anderen nicht. Was tun Sie?

a) Ich begrüße zuerst die Damen, dann die Herren, ob ich sie kenne oder nicht. ☐
b) Ich begrüße zuerst meine Bekannten, dann stelle ich mich den anderen vor. ☐
c) Ich begrüße zuerst die Unbekannten und stelle mich ihnen vor. ☐

23. Sie sind mitten in einem Kundenge-
    spräch und haben vergessen, Ihr Handy
    auszustellen. Was machen Sie?

    a) Sie drücken das Gespräch einfach
       weg. ☐
    b) Entschuldigen Sie sich bei Ihrem
       Gesprächspartner dafür, dass Sie das
       Handy nicht ausgeschaltet haben.
       Bitten Sie aber um Erlaubnis, das
       Gespräch annehmen zu dürfen. ☐
    a) Sie lassen es klingeln und checken
       nach der Besprechung Ihre Mailbox. ☐

24. Wo sitzt der Ehrengast bei einem
    Geschäftsessen oder einer Firmen-
    veranstaltung?

    a) Wo er möchte. ☐
    b) Rechts oder gegenüber vom
       Gastgeber. ☐
    c) Links oder gegenüber vom
       Gastgeber. ☐

25. Zum Käse werden Weintrauben
    serviert. Wie essen Sie diese?

    a) Sie zupfen sich so viele Trauben
       ab, wie Sie essen möchten. ☐
    b) Sie reißen eine Rispe von der
       ganzen Traube ab und ver-
       speisen die Trauben dann von
       Ihrem Teller. ☐
    c) Sie nehmen sich nur die
       heruntergefallenen Trauben. ☐

Lösung Selbstcheck:

1a; 2b; 3c; 4c; 5b; 6c; 7b; 8c; 9b; 10c; 11b; 12a; 13b; 14b; 15c; 16a; 17a;
18a; 19b; 20b; 21b; 22b; 23b; 24b; 25b

Lösungsteil Übungen

1. **Übung: Welche Punkte sollten Sie beachten, wenn Sie zu einem Vorstellungsgespräch eingeladen sind?**
   - Pünktlichkeit ist die oberste Regel.
   - Gute Kleidung ist ein Muss.
   - Anzug ist Pflicht.
   - Nicht zu viel Aftershave.
   - Zu viel Accessoires sind stillos.
   - Sie haben geputzte Schuhe.
   - Sie achten auf Ihre Körpersprache.

2. **Übung: Nennen Sie vier Situationen, in denen Sie einen ersten Eindruck hinterlassen.**
   - Vorstellungsgespräch.
   - Der erste Trag am neuen Arbeitsplatz.
   - Das erste Treffen mit den zukünftigen Schwiegereltern.
   - Wichtige Geschäftseinladungen.
   - Der erste Kundenbesuch.

3. **Übung: Wie können Sie Ihre Stimme trainieren und aufwärmen?**
   - Vermeiden Sie Nikotin, Alkohol und trockene Heizungsluft.
   - Bauchatmung anwenden.
   - Bezugsperson in hinteren Sitzreihen suchen, die Sie stimmlich erreichen möchten.
   - Trinken Sie Wasser bei Vorträgen.
   - Reden Sie sich vor dem Auftritt warm.

4. **Übung: Sie haben dem Ranghöheren zuerst die Hand gereicht und er zögert. Wie verhalten Sie sich am besten?**
   Bleiben Sie beharrlich. Es ist zwar eine unangenehme Situation, aber jetzt die Hand zurückzunehmen wäre noch peinlicher. Der Ranghöhere mag sich eventuell wundern, sollte aber Ihre Hand ergreifen, um Sie aus dieser Misere zu befreien. Tut er es nicht, wissen Sie, woran Sie sind.

5. **Übung: Man reicht Ihnen die Hand, doch der Händedruck fühlt sich lasch an. Wie reagieren Sie?**
   Behalten Sie Ihre Festigkeit des Händedrucks bei. Kennen Sie Ihr Gegenüber gut, weisen Sie ihn höflich auf seinen schwachen Händedruck hin, aber nur

wenn Sie unter sich sind. Bei Fremden behalten Sie den Kommentar für sich.

6. *Übung: Beobachten Sie an einem normalen Geschäftstag, wann und in welchen Situation sich Personen grüßen und notieren Sie diese.*

Grundsätzlich grüßt jeder, der einen Raum betritt, zuerst. Bei einem Tagesablauf könnte das so aussehen:

Sie steigen morgens ins Taxi, Flugzeug und Bahn ein und grüßen Ihren Sitznachbarn. Sie erreichen das Büro und begrüßen die Empfangsdame und Kollegen, die Sie auf dem Gang treffen. Nehmen Sie den Fahrstuhl in den 3. Stock begrüßen Sie auch Personen, die bereits vor Ihnen im Fahrstuhl sind, sowie die, die mit Ihnen zusammen warten. Kollegen betreten Ihr Büro und begrüßen Sie, bevor Sie mit Ihnen ins Gespräch kommen. Beim Mittagessen in der Kantine begrüßen Sie Kollegen. Gehen Sie in der Mittagspause zum Arzt treffen Sie im Wartezimmer auf Personen, die Sie ebenfalls grüßen. Und am Abend zur Entspannung nach dem Sport genehmigen Sie sich vielleicht einen Saunagang und sollten auch hier die Anwesenden freundlich Grüßen....

7. *Übung: Stehen Sie als Vorgesetzter immer zur persönlichen Begrüßung auf, wenn Mitarbeiter Ihr Büro betreten?*

Als höflicher Mensch – egal ob Mann oder Frau – sollte man zur Begrüßung aufstehen, um den eingetretenen Gästen ein positives Gefühl zu vermitteln. Erheben Sie sich von Ihrem Schreibtisch und begrüßen Sie möglichst davor, denn Ihr Schreibtisch wirkt wie eine Barriere auf Ihre Gäste und Mitarbeiter.

8. *Übung: Sie kommen in einen Meetingraum, in dem bereits einige Personen stehen. Wie begrüßen Sie eine Gruppe, die Sie noch nicht kennen?*

Sie begrüßen die ranghöchste Person zuerst. Sollte nicht erkenntlich sein, wer das ist, gehen Sie der Reihe nach vor. Nennen Sie jeder einzelnen Person Ihren Namen. Denken Sie auch daran: Haben Sie einer Person die Hand gegeben, geben Sie bitte auch allen anderen die Hand.

9. *Übung: Wie stelle ich mich in einer Runde am besten vor?*

Nennen Sie jeder einzelnen Person Ihren Namen. Nehmen Sie nicht an, dass alle anderen diesen schon mitbekommen haben, als Sie ihn der ersten Person genannt haben. Schwierige Namen wiederholen Sie am besten: „Mein Name ist Treschniewsky, Paul Treschniewsky."

10. Übung: Wem gebe ich in einer Gruppe die Hand und wem nicht?

Haben Sie einer Person in der Runde die Hand gegeben, geben Sie auch allen anderen die Hand. Grundsätzlich sollten Sie eine Ihnen entgegengebrachte Hand annehmen.

11. Übung: Wann übergeben Sie Ihre Visitenkarte bei einem Business-Termin?

Geben Sie als Gast Ihre Karte zuerst, erst danach ist die gastgebende Person dran. Blicken Sie sich beim Überreichen der Karten gegenseitig an.

12. Übung: Was machen Sie mit der gerade erhaltenen Visitenkarte eines Geschäftspartners?

Lesen Sie die Karte. Achten Sie auch auf eventuell vorhandene Titel, die in der mündlichen Vorstellung nicht erwähnt wurden.

13. Übung: Wer erhält Ihre Visitenkarte in einer Gruppe von mehreren Geschäftspartnern zuerst?

In Gruppen erhält zuerst die oder der Ranghöchste die Visitenkarte. Ist eine Hierarchie nicht erkennbar, verteilen Sie die Visitenkarten der Reihe nach.

14. Übung: Wie stellen Sie sich bei einem Kundentermin der Dame am Empfang vor?

Machen Sie einen Geschäftsbesuch, geben Sie am besten Ihre Visitenkarten zunächst am Empfang ab. Das vereinfacht die Anmeldung und das Ausfüllen von Besucherausweisen. Nach diesem Prozedere bekommen Sie die Karte zurück. Sie können sie später der Person geben, die Sie abholt.

15. Übung: Sie stehen mit einem Kunden im Flur und Ihr Geschäftsführer kommt vorbei. Wer wird wem vorgestellt?

Nachdem Sie sich gegenseitig verbal begrüßt haben, wenden Sie sich an den Geschäftsführer und sagen: „Herr Lindemann, darf ich Ihnen unseren besten Kunden vorstellen? Das ist Herr Meier."

Zum Kunden gewandt stellen Sie nun Ihren Geschäftsführer vor: „Herr Meier, dies ist unser Geschäftsführer Herr Lindemann."

16. Übung: Sind Titel noch zeitgemäß? Wie spreche ich mein Gegenüber korrekt an?

Einige Menschen haben vor ihrem Namen einen Titel, den Sie gerne tragen und auch gerne hören. Sprechen Sie Ihr Gegenüber mit Herr/Frau Dr. Müller an. Sprechen Sie Doppelnamen immer voll aus.

Bei der Nennung von akademischen Graden nennen Sie nur den höchsten Grad, z.B. „Guten Abend, Herr Professor Müller ..."
Adelstitel gehören zum Namen und dürfen bei der Anrede nicht vergessen werden. Sagen Sie aber nicht: „Guten Abend, Herr Baron Münchhausen", sondern verzichten Sie hier auf das „Herr". So stellen Sie sich gesellschaftlich auf dieselbe Stufe. Nur Diener und Untergebene sprechen Ihre Vorgesetzten mit „Herr Baron" oder „Frau Gräfin" an. Akademische Grade und Adelstitel können Sie erst dann weglassen, wenn sie Ihnen erlassen werden.

17. Übung: Sie sind im Meeting mit Kunden und Ihrer Kollegin. Wie sprechen Sie Ihre Kollegin, die Sie normalerweise duzen, vor Kunden an?

Sobald Sie über Ihre Kollegin sprechen, benutzen Sie ihren Nachnamen, z.B. „Frau Baumann hat uns eine PowerPoint-Präsentation erstellt über die europäische Marktentwicklung der letzten fünf Jahre."
Sprechen Sie Ihre Kollegin direkt an, können Sie sie im Beisein von Kunden duzen: „Michaela, kannst Du uns Deine Ausführungen bitte präsentieren?"
Sagen Sie aber bitte nicht: „Frau Müller, kannst Du uns die Präsentation halten?"

18. Übung: Sie stehen mit Ihrem Chef und einer Kollegin vor dem Fahrstuhl. Wer geht zuerst hinein?

Der Chef bekommt den Vortritt. Nur er kann entscheiden, ob er nicht z.B. der Dame den Vortritt lassen möchte. Dieses wird er dann mit einer Geste oder einem Spruch, wie z.B.: „Ladies first" deutlich machen.
Ist der Fahrstuhl groß genug, wird der Chef auch als Erstes den Fahrstuhl wieder verlassen. Bei kleinen Fahrstühlen verzichten Sie auf diese Regel.

19. Übung: Welche Signale sind ausschlaggebend für den ersten Eindruck?

Das Bild, das Sie abgeben. Dazu gehören:
Ihr Äußeres Erscheinungsbild, dass sich z.B. über Kleidung und Frisur ausdrückt.
Ihre Mimik, Gestik und Körperhaltung.
Die Worte, die Sie sprechen.
Geschwindigkeit und Lautstärke beim Sprechen.
Der Duft, den der Körper ausstrahlt.
Ihr Aftershave oder Parfum, das Sie tragen.
Die Haut.
Ihre Hände (gepflegt, feucht oder trocken, warm oder kalt).

20. *Übung: Sie sitzen mit Ihrem Chef und einem Kunden im Meetingraum. Ihre Sekretärin bringt den Kaffee. Wer wird zuerst bedient?*

Der Gast. Er ist in dieser Runde die wichtigste Person. Hier ist es nicht angebracht, die hierarchische Rangfolge einzuhalten. Zuerst erhält der Gast seinen Kaffee, anschließend der Chef und dann erst Sie. Kommunizieren Sie diese Regel ruhig Ihrer Sekretärin – vor dem nächsten Kundenbesuch.

21. *Sie suchen eine wichtige Akte und schauen auf dem Schreibtisch Ihrer kurz abwesenden Kollegin nach. Ist das der richtige Stil?*

Im Umgang mit anderen Menschen gibt es Distanzzonen, die man als höflicher Kollege auch im Job einhalten sollte. Sobald Sie ohne Erlaubnis auf dem Schreibtisch einer Kollegin herumwühlen, Ihre Tasche dort abstellen oder über ihre Schulter hinweg auf den Bildschirm deuten, überschreiten Sie eindeutig die Grenzen.

22. *Wie ist die perfekte Sitzhaltung als Mann im Geschäftsleben?*

Am besten stehen die Beine fest auf dem Boden nebeneinander. So haben Sie Bodenkontakt und strahlen Sicherheit aus. Die Beine sollten nicht lässig übereinander geschlagen werden, so dass Ihr Knie über der Tischkante herausschaut.

23. *Übung: Sie sind in einer Besprechung und starren ständig auf Ihre Uhr, da Sie Ihr Flugzeug noch erreichen wollen. Wie verhält man sich stilgerecht?*

Sollten Sie ein Flugzeug erreichen müssen, sagen Sie es zu Beginn des Meetings. Jetzt wird Ihnen jeder verzeihen, dass Sie ab und zu auf die Uhr schauen.

24. *Übung: Sie treffen am Samstag Ihren Vorgesetzten in der Stadt beim Einkaufen. Worüber unterhalten Sie sich?*

Natürlich grüßen Sie ihn zunächst freundlich und warten ab, ob er stehen bleibt und ein Gespräch mit Ihnen beginnt. Beachten Sie in dieser Situation die Privatsphäre Ihres Vorgesetzten und führen Sie auf keinen Fall ein Gespräch über Geschäftsangelegenheiten mit ihm. Sprechen Sie über das Wetter, das neue Café um die Ecke oder die schwierige Parkplatzsituation in der Innenstadt.

25. *Übung: Über welche Themen plaudern Sie bei Flurgesprächen im Büro? Oder mit Kollegen im Lift?*

Privates ist nicht grundsätzlich tabu. Reden Sie ruhig über sich und gestalten Sie so Ihr Image. Erzählen Sie, dass Sie am Wochenende im Kino waren oder welchen Sport Sie treiben. So stillen Sie die Neugier der Kollegen und machen sich sympathisch. Wie weit Sie dabei gehen, entscheiden Sie selbst. Es ist aber nicht zu empfehlen, die problematischen oder intimen Dinge Ihres Privatlebens zum Gegenstand der Plauderei zu machen.

26. Übung: Über welche Themen sollten Sie im Small Talk nicht sprechen?

Vermeiden Sie im Small Talk polarisierende Themen, wie z.B. Politik oder Religion. Sie möchten im Small Talk einen gelungenen „Plausch" führen, dies setzt einen freundlichen und respektvollen Umgang miteinander voraus.

Sprechen Sie nie negativ über dritte Personen. Verzichten Sie auf Urteile, wie z.B. „Weine unter fünf Euro kann man nicht trinken." Damit kann Ihr Gesprächspartner wenig anfangen. Weitere Tabuthemen sind: Geld, Krankheiten, verletzende Themen (dick/alt), Sex, Partnerschaftsprobleme, derbe Witze, hemmungslose Selbstdarstellung etc...

27. Übung: Sie haben bereits zehn Minuten mit einem Gast auf einer Vernissage geplaudert und möchten jetzt den Gesprächspartner wechseln. Wie kommen Sie galant aus der Situation?

Sie sagen, wie es ist: „Es hat mich gefreut, Sie kennen zu lernen. Ich muss jetzt noch mit ein paar anderen Leuten reden." und verabschieden sich freundlich.

Oder Sie reichen den Partner weiter nach dem Motto „Darf ich vorstellen, meine Kollegin Frau Huber. Sie ist übrigens auch begeisterte Klavierspielerin, genau wie Sie ...".

Eine weitere Möglichkeit, den Gesprächspartner zu wechseln besteht darin, gemeinsam zur Bar oder zum Büfett zu gehen. Auf dem Weg dorthin ergibt sich sicher ein neues Gespräch mit einem anderen Gast.

Sollten Sie Interesse haben, mit Ihrem gerade kennen gelernten Gesprächspartner in Kontakt zu bleiben, tauschen Sie Ihre Visitenkarten aus.

28. Übung: Wie schreiben Sie den Präsidenten des Gewerbeverbandes korrekt an?

In der modernen Korrespondenz verzichtet man auf die Zusätze „An den..." oder „An die Firma...". Somit schreiben Sie:
Präsident des Gewerbeverbandes
Herrn Max Meister
Straße
PLZ Ort

29. Übung: Ist „Herrn und Frau Peter Fischer" in Deutschland noch die gängige Variante, wenn man ein Ehepaar anschreiben möchte?

Man schreibt jeden einzeln an: Herrn Peter und Frau Ingrid Fischer oder Herrn Peter Fischer und Frau Ingrid Fischer.

30. Übung: Wird in der Anrede im Brief „Dr." abgekürzt, „Professor" aber ausgeschrieben?

„Doktor" wird seit einigen Jahren abgekürzt. Der Titel „Professor" wird immer ausgeschrieben.

31. Übung: E-Mails dienen der schnellen Kommunikation zwischen Kollegen oder Geschäftspartnern. Muss man deshalb weniger auf Form und Stil achten?

Auch wenn wir im Zeitalter der Telekommunikation leben, wird es weiterhin Bereiche mit schriftlichen Kundenkontakten geben – per Brief, Fax oder E-Mail. Da jeder schriftliche Kontakt „archiviert" werden kann, ist es besonders wichtig, aus jeder Art von „Postausgang" eine vorzeigbare Visitenkarte des Unternehmens zu machen. Verzichten Sie deshalb auf die in der Internet-Sprache üblichen Abkürzungen oder Schreibweisen, diese haben in geschäftlichen E-Mails nichts zu suchen. Die Betreffzeile sollte immer mit einer kurzen Inhaltsangabe ausgefüllt sein. Achten Sie auf die richtige Anrede und beenden Sie die E-Mail nie ohne formelle Verabschiedung. Bilden Sie Absätze, damit man den Text leichter lesen kann. Fassen Sie sich kurz und beschränken Sie sich auf das Wesentliche. Versuchen Sie Tipp- und Rechtschreibfehler zu vermeiden. Eine von Fehlern strotzende Mail ist nicht lässig, sondern unhöflich.

32. Übung: Verzichten Sie in der E-Mail darauf, den Inhalt einer angehängten Datei zusammenzufassen, da der Empfänger nicht alles doppelt lesen möchte?

Einen Anhang zu öffnen und dann festzustellen, dass der Inhalt derzeit nicht von großem Interesse ist, ist zeitraubend und ärgerlich. Beschreiben Sie in der Mail selbst in wenigen Worten, was der Empfänger im Anhang findet. So kann er besser entscheiden, ob er den Anhang sofort oder lieber später öffnen möchte. Ist ein Dokument sehr kurz, schadet es nicht, dieses gleich in die E-Mail miteinzubinden.

33. Übung: Wie viele Ansprechpartner schreiben Sie in die „An"-Zeile, wenn Sie eine Rundmail versenden?

In geschäftlichen Mails werden alle Adressaten, die Ihre Mail direkt betrifft, in der Adresszeile eingefügt. Diejenigen, die nur informiert werden sollen, werden in die CC-Zeile kopiert. Schreiben Sie eine Rundmail, sollten Sie Ihre eigene Adresse in die Adresszeile eingeben und alle anderen Empfänger auf BCC setzten. So kann keiner sehen, an wen diese E-Mail noch gegangen ist. Sie müssen nicht unbedingt damit beeindrucken, wen Sie alles kennen.

34. Übung: Ohne das Handy geht nichts mehr. Doch wann ist der Gebrauch des Handys wirklich nicht angebracht?

Jeder Handybesitzer sollte überlegen, wo der Gebrauch eines Mobiltelefons „ungefährlich" ist. Es geht darum, andere nicht zu belästigen, unhöflich oder gar rücksichtslos zu sein. Handy aus heißt es in:

- Theater, Kino
- Museum
- Vortrag oder Festakt
- Wartezimmer beim Arzt
- Restaurant
- Geschäftsbesprechungen, Konferenzen, Meetings
- Kundengespräche
- Vorstellungsgespräche
- Beerdigung/Kirche
- Krankenhausbesuche

Achten Sie auf Verbotsschilder.

35. Übung: Sie sind mitten im Gespräch und haben vergessen, Ihr Handy auszustellen. Drücken Sie das ankommende Gespräch jetzt einfach weg?

Entschuldigen Sie sich bei Ihrem Gesprächspartner dafür, dass Sie das Handy nicht ausgeschaltet haben. Bitten Sie aber um Erlaubnis, das Gespräch annehmen zu dürfen, um den Anrufer nicht wegzudrücken.

Ein „Wegdrücken" bekommt der Anrufer ganz klar mit und es zeugt nicht gerade von Höflichkeit. Sobald Sie das Gespräch annehmen, erklären Sie dem Anrufer, dass Sie gerade im Gespräch sind und bieten Sie einen Rückruf an. Nach dem Auflegen sollten Sie das Handy ausschalten.

36. Übung: Wie ist die korrekte Begrüßung am Telefon, wenn Sie jemanden anrufen?

Nennen Sie nach dem Tagesgruß Ihr Unternehmen, Vornamen und Namen. Sprechen Sie den Angerufenen gleich mit seinem Namen an und nennen Sie den Grund Ihres Anrufs.

180

37. Übung: Sie verlassen nach positiven Verhandlungen mit Ihrem Kunden das Meeting. Was zeichnet jetzt einen stilvollen Verhandler aus?

Zunächst sollten Sie sich per E-Mail bei Ihrem Kunden für das Gespräch bedanken. Einen guten Eindruck hinterlassen Sie auch, wenn Sie ein Protokoll über das Meeting anfertigen und dieses an den Kunden versenden. Im Protokoll werden die Ergebnisse einer Besprechung festgehalten. Es erleichtert die Erfolgskontrolle und kann darüber hinaus wichtige Impulse für das nächste Meeting liefern.

38. Übung: Welche Punkte sollten Sie berücksichtigen, wenn Sie ein Meeting vorbereiten?

Wer und wie viele Teilnehmer sollen an dem Meeting teilnehmen? Formulieren Sie Meetings-Ziele und erstellen Sie eine Agenda. Denken Sie auch an die logistischen und technischen Vorbereitungen.

39. Übung: Welche Vorbereitungen sollten Sie bei einem Interview treffen?

- Vereinbaren Sie ein Vorgespräch mit dem Journalisten.
- Fordern Sie einen Fragenkatalog an und senden Sie dem Journalisten Ihre Antworten zu.
- Geben Sie dem Journalisten Informationsmaterial oder eine Zusammenfassung der wichtigsten Fakten über Ihre Firma.
- Klären Sie, wie das Interview ablaufen wird.

40. Übung: Was sollten Sie auf einer Pressekonferenz auf jeden Fall beachten?

Kommen Sie eine halbe Stunde vor Beginn, um mit einigen Journalisten einen Small Talk zu führen. Achten Sie auf Ihre Kleidung. Sie repräsentieren Ihr Unternehmen und dokumentieren das Image der Firma. Als Einladender verlassen Sie die Pressekonferenz erst, wenn Pressevertreter gegangen sind.

41. Übung: Sommer, Sonne. Ein Kundentreffen steht an. Was trägt der stilvolle Mann in Deutschland?

Auch im Sommer gilt: Die Ärmel des Jacketts werden nicht hochgekrempelt, kurzärmelige Hemden gehören nicht zum Business-Outfit. Sandalen oder Slipper im Business sind tabu. Achten Sie auf die richtige Sockenlänge, auch im Sommer darf die Wade nicht zu sehen sein. Im Sommer empfiehlt sich ein Jackett aus leichten Materialien, die nicht aus Baumwolle sind. Hochwertige Herrenausstatter haben Anzüge im Programm, die beispielsweise nur teilweise gefüttert sind. Lassen Sie sich von Profis beraten.

42. Übung: 30 Grad im Meetingraum. Wann ziehen Sie Ihr Jackett aus?

Jackett ablegen geht bei Geschäftsterminen nur, wenn der Ranghöchste der Runde seine Zustimmung dazu gibt. Dies gilt für den Meetingraum ebenso wie für das Restaurant. Aufmerksame Gastgeber befreien Sie jedoch recht schnell von Ihrer warmen Last.

43. Übung: Das neue Business-Hemd wurde erst einige Male gewaschen, aber die Kragenecken sind schon abgewetzt. Was machen Sie mit dem Hemd?

Der beste Anzug verliert seine Wirkung, wenn Sie ein Hemd mit abgestoßenen Ecken oder Manschetten dazu tragen. Um kein schlechtes Bild auf Ihre gesamte Persönlichkeit zu werfen, sollten Sie das Hemd schnellstens aussortieren und ersetzen.

44. Durch Ihre Kleidung kommunizieren Sie mit Ihren Mitmenschen. Wie könnte Ihr Vorgesetzter einen unangemessenen Kleidungsstil interpretieren?

Ihr Vorgesetzter könnte von einem unangemessenen Kleidungsstil oder nachlässiger Kleidungspflege auf Defizite im Umgang mit anderen Menschen schließen. Egal ob Sie sich Ihrer Fehler bewusst sind oder nicht, Sie senden Signale wie Missachtung und Desinteresse an Ihr Umfeld. Entscheidend ist immer die Ansicht des Betrachters, nicht Ihre. Sie sehen also, unpassende Kleidung kann schnell zum Karriere-Killer werden.

45. Übung: Dürfen Sie selbst den Wein nachschenken?

Normalerweise ist es die Aufgabe des Obers, den Wein nachzuschenken. Wenn er seiner Pflicht nicht von selbst nachkommt, genügt in der Regel ein kleiner, unauffälliger Wink. Nur bei äußerst unaufmerksamem Personal dürfen Sie zur Selbsthilfe greifen. Schließlich kann niemand von Ihnen verlangen, beim Essen auf den Genussfaktor zu verzichten. Dennoch ist die Selbstbedienung bei Tisch bestenfalls eine Notlösung. Sie signalisiert dem Personal ganz deutlich: Ihr macht euren Job nicht gut! Wenn Sie zum Essen eingeladen sind, dürfen Sie auf keinen Fall aktiv werden. Dann obliegt es einzig dem Gastgeber, den Ober durch Gesten auf seine Pflicht hinzuweisen. Der Einladende muss auch entscheiden, ob er zur Selbstbedienungs-Notlösung greift.

46. Übung: Wie eröffnet man ein offizielles Geschäftsessen?

Auf jeden Fall nicht mit den Worten „Guten Appetit". Als Gastgeber greift man einfach zum Besteck. Natürlich können Sie auch Ihr Glas erheben und z.B. „einen schönen gemeinsamen Abend" wünschen.

47. Übung: Wie ist die richtige Redner-Reihenfolge bei Firmenveranstaltungen?

Hier gilt die Regel, dass die ranghöchste Person Vorrang erhält, nicht zwingend. Man kann die Grußreden mit dem Ranghöchsten beginnen oder aber auch enden lassen, um eine Spannung aufzubauen. Die Reihenfolge der Redner sollte sich also an den individuellen Gegebenheiten orientieren, es gibt keine feste Regel. Der Gastgeber sollte aber auf jeden Fall die ersten begrüßenden Worte sprechen

48. Übung: Sie haben Kunden zum Geschäftsessen eingeladen. Nach dem Essen werden Sie die Rechnung begleichen. Wo ist hierfür der geeignetste Platz?

Für die Begleichung der Rechnung können Sie in Zeiten der Kreditkarte dieses am Tisch erledigen. Es ist jedoch angenehmer, zum Bezahlen der Rechnung hinauszugehen, um eventuell Posten zu prüfen oder Trinkgeld zu geben. Bei Barzahlung kann so Ihr Gast auch nicht mitzählen, was Sie zu zahlen haben.

49. Übung: Erstellen Sie die Tischordnung Ihrer Firmenveranstaltung, zu der folgende 40 Personen zugesagt haben:

1 Vorstand Ihrer Firma mit Partnerin (2 Pers.)

1 englischsprachiger Ehrengast mit Partnerin (2 Pers.)

1 Vertriebsmitarbeiterin ohne Partner (1) Pers.

5 Vertriebsmitarbeiter ohne Partner (5 Pers.)

2 Mitarbeiterinnen Marketing ohne Partner (2 Pers.)

4 leitende Mitarbeiter mit Partnerin (8 Pers.)

10 Kunden mit Partnerinnen (20 Pers.), die von den Vertriebsmitarbeitern benannt wurden.

Welche Tischanordnung wählen Sie?

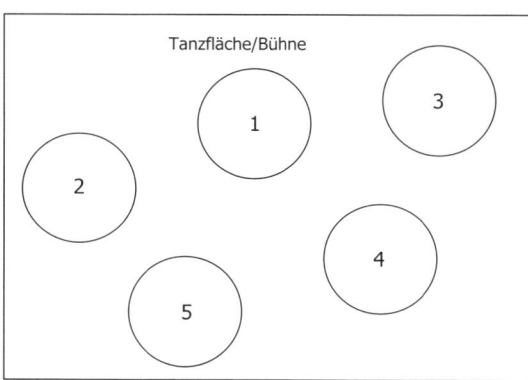

Die kommunikativste Tischwahl sind fünf Achter-Tische. Der erste Tisch ist der Ehrentisch, um den herum die anderen vier Tische arrangiert werden. Die Besetzung der Tische ist wie folgt:

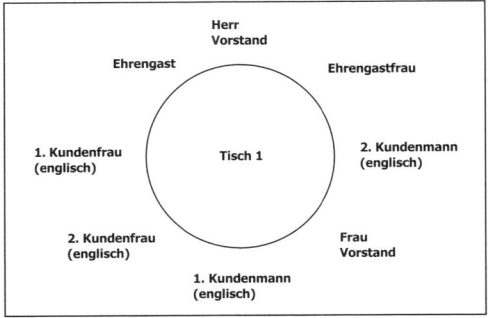

Tisch 1
Vorstand und Frau (1,2)
Ehrengast und Frau (3,4)
1. Kunde mit Frau (5,6)
2. Kunde mit Frau (7,8)

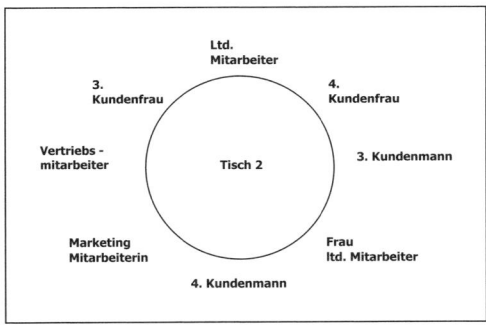

Tisch 2
1. Ltd. Mitarbeiter mit Frau (1,2)
3. Kunde mit Frau (3,4)
4. Kunde mit Frau (5,6)
1. Vertriebsmitarbeiter (7)
1. Mitarbeiterin Marekting (8)

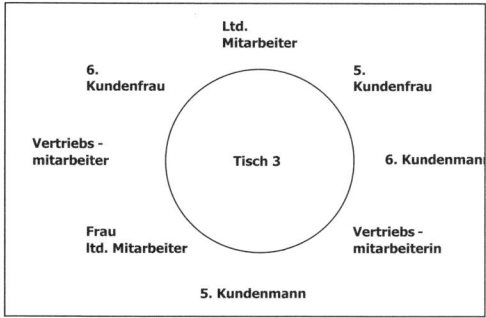

Tisch 3

2. Ltd. Mitarbeiter mit Frau (1,2)

5. Kunde mit Frau (3,4)

6. Kunde mit Frau (5,6)

2. Vertriebsmitarbeiter (7)

1. Vertriebsmitarbeiterin (8)

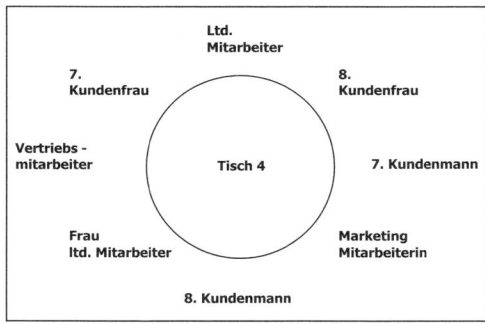

Tisch 4

3. Ltd. Mitarbeiter mit Frau (1,2)

7. Kunde mit Frau (3,4)

8. Kunden mit Frau (5,6)

3. Vertriebsmitarbeiter (7)

2. Mitarbeiterin Marketing (8)

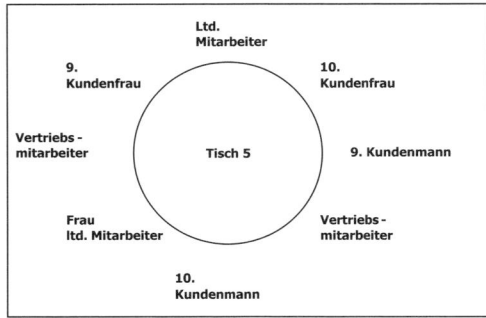

Tisch 5
(da Tisch 5 der „unwichtigste" Tisch ist, ist dies der Tisch mit der fehlenden Frau,
so dass zwei Männer nebeneinander sitzen werden.)

4. Ltd. Mitarbeiter mit Frau (1, 2)
9. Kunde mit Frau (3,4)
10. Kunde mit Frau (5,6)
4. Vertriebsmitarbeiter (7)
5. Vertriebsmitarbeiter (8)

50. Übung: Was machen Sie mit Ihrem Aperitif-Glas, wenn Sie es noch nicht leer getrunken haben, aber zum Essen gebeten werden?

Grundsätzlich: Tragen Sie keine Gläser durch das Restaurant. Es gibt drei
Situationen, in denen der Aperitif gereicht wird.

1. Ihr Tisch ist noch nicht fertig eingedeckt und Sie warten an der Bar. Sobald Sie zum Tisch gebeten werden, lassen Sie das Glas an der Bar stehen
und folgen dem Kellner zum Tisch. Ihr nicht ausgetrunkenes Aperitif-Glas
sollte der Kellner Ihnen anschließend an Ihren Tisch bringen. Tut er es nicht,
bitten Sie Ihn darum.

2. Sie stehen in größerer Runde z.B. nach einem Seminar an der Bar und
stoßen gemeinsam auf die Zusammenarbeit an. Sollten Sie noch einen
Schluck im Glas haben, wenn es zum Essen geht, lassen Sie das Glas stehen.
Es wird Ihnen aber nicht wie im vorherigen Fall an den Tisch gebracht.

3. Sie entscheiden sich am Tisch für einen Aperitif. Hierbei bleibt das Glas
so lange auf Ihrem Platz stehen, bis Sie es ausgetrunken haben oder Sie den
Kellner bitten, es abzuräumen. Möchten Sie also mit dem Wein beginnen,
lassen Sie das Glas abräumen, falls es nicht ausgetrunken ist.

51. Übung: Austern werden geschlürft, Spareribs mit den Fingern gegessen, Kartoffeln darf man wieder schneiden – aber wie um Himmels willen isst man Scampi mit Messer und Gabel?

Sie halten das Tier mit der Gabel fest und trennen erst den Kopf mit dem Messer ab. Jetzt heben Sie den Panzer seitlich mit dem Messer weg und können das Fleisch herauslösen. Meistens geht dabei gleich die Schwanzflosse mit ab. Sollte diese etwas hartnäckig sein, stechen Sie mit der Gabel in das Fleisch und drücken die Messerspitze auf den äußersten Rand der Schwanzflosse. So löst sich auch das letzte Fleisch aus der Flosse. Sollte dies nicht funktionieren, schneiden Sie die Flosse einfach ab. Die Möglichkeit, die kleinen Biester mit der Hand zu puhlen, ist nur erlaubt, wenn auf dem Tisch eine Fingerschale bereitgestellt ist.

Bei Hummer gibt es übrigens einen Trick, um das Hantieren mit Hummerzange und Hummergabel zu umgehen: Man bestellt das Tier bereits ausgelöst oder lässt dies vom Ober tun.

52. Übung: Sollten Sie Ihr Verhalten bei Tisch konsequent dem Gastland anpassen? Zum Beispiel die Essgewohnheiten der US-Amerikaner oder der Asiaten übernehmen?

Wer in Deutschland stilsicher ist, wird überall gut zurecht kommen. Grundzüge der fremden Tisch- und Esskultur zu kennen ist allerdings von Vorteil. Sie müssen nicht perfekt mit Stäbchen umgehen können und dürfen selbstverständlich nach Besteck fragen, damit Sie nicht verhungern.

53. Übung: Zu jedem Essen gibt es Brot. Aber wie isst man Ciabatta oder Baguette richtig?

Sie brechen ein mundgerechtes Stück ab, dieses wird mit Butter bestrichen und in den Mund geschoben. Eine Toastscheibe, eine Scheibe Brioche oder ein dünnes Scheibchen Schwarzbrot bestreichen Sie ganz oder halbiert mit Butter und beißen dann ab. Aber denken Sie immer daran: Brot ist keine Vorspeise. Ein Bruscetta (Weißbrot mit Öl und Tomaten) wird oft in die Mitte des Tisches gestellt. Nehmen Sie sich eines mit der Hand und lagern es auf Ihrem Brotteller zwischen. Jetzt können Sie Stück für Stück abbeißen.

54. Übung: Die Schlacht am kalten Büfett ist sprichwörtlich – hier kann man wirklich Benimm zeigen. Muss man die einzelnen Gerichte in einer bestimmten Reihenfolge zu sich nehmen?

Ja, und zwar entsprechend der Reihenfolge der Gänge in einem Menü: Vorspeise, Suppe, Zwischengericht, Hauptgang, Käse, Dessert. Dabei nimmt man stets übersichtliche Mengen. Warmes und Kaltes werden genauso wenig gemischt wie Süßes und Salziges oder Fisch- und Fleischhaltiges. Sie benutzen immer einen neuen Teller, wenn Sie zum Büffet gehen. Der alte Teller sollte nach Ihrer Rückkehr zum Tisch abgeräumt sein. Gleiches gilt auch für das Besteck.

55. Übung: Beobachten Sie bei der nächsten Veranstaltung, wie Gäste Ihre Gläser halten. Wie ist es korrekt?

Immer am Stiel. Sie halten den Kelch von Fingerabdrücken frei und Sie verändern nicht die Temperatur des Weines. Halten Sie das Glas möglichst in der linken Hand, so haben Sie die rechte Hand frei zur Begrüßung. Zum Trinken dürfen Sie es selbstverständlich in die rechte Hand wechseln.

56. Sie erwarten Gäste und müssen für ein 4-Gänge Menü (Salat, Suppe, Hauptgericht, Dessert) den Tisch eindecken. Wo platzieren Sie was?

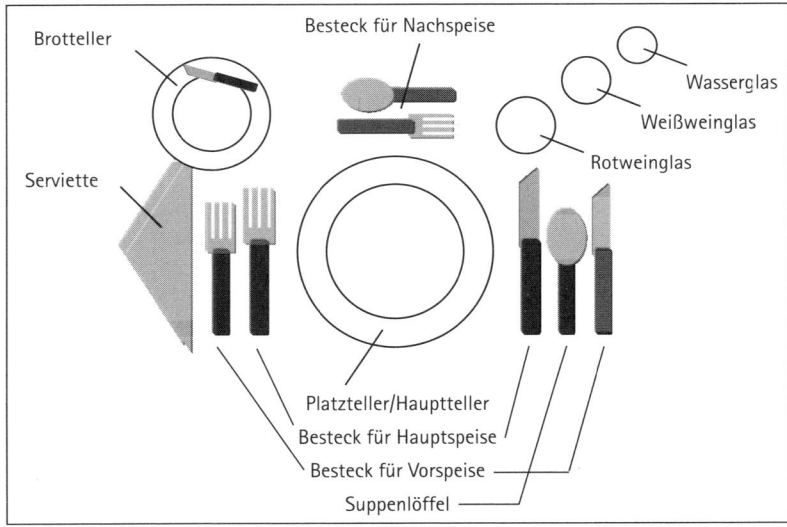

57. Übung: Wie sagen Sie die Einladung zu einem Firmenjubiläum stilvoll ab?

Grundsätzlich gilt, egal ob Sie zu- oder absagen möchten: antworten Sie auf die gleiche Weise, wie die Einladung erfolgte. Haben Sie also eine schriftliche Einladung erhalten, müssen Sie auch schriftlich zu- oder absagen. Halten Sie sich auch an die vorgegebene Antwortfrist, denn Sie kennen die Probleme eines Organisators sicher. Bei einer Absage sollten Sie den Grund der Absage angeben und Ihr Bedauern ausdrücken. Mit ein paar netten (handschriftlichen) Worten machen Sie den Brief noch persönlicher.

Sollten Sie aus zeitlichen Gründen doch per Telefon absagen, schicken Sie einen Brief mit den Glückwünschen hinterher

58. Übung: Zu welchen geschäftlichen Anlässen sind Gastgeschenke üblich?

Die häufigsten Anlässe für Gastgeschenke im beruflichen Umfeld sind Geschäftsbesuche, Einladungen zum Essen sowie Konferenzen und Events. Als Gastgeschenke bezeichnet man zum einen Geschenke, die Sie als Gast mitbringen, als auch Geschenke, die vom Gastgeber als Erinnerung an die Gäste übergeben werden. Bei der Auswahl des Geschenks sollte die Beziehung zum Beschenkten, die Position und die persönlichen Interessen berücksichtigt werden. Die Präsente sollten nicht zu groß ausfallen, damit sie nicht als Verpflichtung empfunden werden. Verzichten Sie auch auf Präsente mit Werbeaufdruck. Als gute Gedankenstütze bietet sich das Führen einer Geschenke- und Interessendatei an, damit Sie den Überblick behalten. Gastgeschenke müssen nicht persönlich überreicht werden. Bleiben Ihre Gäste beispielsweise bei einem Event über Nacht, können Sie als Gastgeber die Präsente in das Hotelzimmer legen lassen. Vergessen Sie dabei nicht, eine Visitenkarte mit einem persönlichen Gruß beizulegen.

59. Übung: Wann sollten Sie sich von einer Veranstaltung/Einladung verabschieden?

Pünktlichkeit ist nicht nur beim Kommen, sondern auch beim Gehen wichtig. Es gilt als unhöflich, länger als bis zu einer angegebenen Zeit zu bleiben. Z.B. „Wir laden ein zum Empfang von 11:00 – 13:30."

Bei einer Einladung zum Tee sollten Sie spätestens vor dem Abendessen Ihren Heimweg antreten. Sollten keine Zeiten angegeben sein, erkennen Sie z.B bei einem Abendessen den Zeitpunkt des Gehens daran, dass Ihr Gastgeber längere Zeit nach dem Essen eventuell einen „zweiten" Espresso anbietet. Spätestens jetzt wissen Sie, dass die Zeit für die Verabschiedung gekommen ist.

Gehen Sie aber auch nicht zu früh, um nicht das Gefühl zu vermitteln, Sie seien nur zum Essen gekommen und an der Gesellschaft läge Ihnen nichts.

60. Übung: Was bedeuten die Abkürzungen c.t. und s.t. auf Einladungen?

c.t. steht für cum tempore (lat.) und bedeutet „mit Zeit". Es bedeutet, dass eine Verspätung von 15 Minuten möglich ist. s.t. steht für sine tempore (lat.) und heißt „ohne Zeit". Auf Pünktlichkeit wird Wert gelegt und Sie sollen zum angegebenen Zeitpunkt die Plätze einnehmen.

Anreden und Anschriften

Funktion Politik	Anschrift	Schriftliche Anrede	Mündliche Anrede
Bundespräsident	Herrn Bundespräsidenten (Dr.) Vorname Nachname	Sehr verehrter/geehrter Herr Bundespräsident	Herr Bundespräsident
Bundeskanzler	Herrn/Frau Bundeskanzler(in) (Dr.) Vorname Nachname	Sehr geehrte(r) Frau/Herr Bundeskanzler(in)	Herr Bundeskanzler
Ehemaliger Bundeskanzler	Herrn (Dr.) Vorname Nachname Bundeskanzler a.D. Wenn noch im öffentlichen Leben stehend: derzeitige Amtsbezeichnung	Sehr geehrter Herr (Dr.) Nachname	Herr (Dr.) Nachname
Bundesminister	Bundesminister des... Herrn (Dr.) Vorname Nachname	Sehr geehrter Herr Bundesminister	Herr Minister
Ehemaliger Bundesminister	Herrn (Dr.) Vorname Nachname Bundesminister a.D.	Sehr geehrter Herr (Dr.) Nachname	Herr (Dr.) Vorname Nachname
Ministerpräsident	Ministerpräsident des Freistaates .../ oder Hessischen Ministerpräsidenten Herrn (Dr.) Vorname Nachname	Sehr geehrter Herr Ministerpräsident	Herr Ministerpräsident
Regierender Bürgermeister	Regierender Bürgermeister von Berlin Herrn (Dr.) Vorname Nachname	Sehr geehrter Herr Regierender Bürgermeister	Herr Regierender Bürgermeister
Ehemaliger Oberbürgermeister	Herrn (Dr.) Vorname Nachname	Sehr geehrter Herr (Dr.) Nachname	Herr (Dr.) Name

Diplomatie			
Botschafter	Seiner Exzellenz (oder S.E.) dem Botschafter von ... Herrn (Dr.) Vorname Nachname	Sehr geehrter Herr Botschafter	Exzellenz/Herr Botschafter
Botschafterin	Ihre Exzellenz (oder I.E.) Der Botschafterin von ... Frau (Dr.) Vorname Nachname	Sehr geehrte Frau Botschafterin	Exzellenz/Frau Botschafterin
Botschafter a.D.	Herrn (Dr.) Vorname Nachname Botschafter a.D.	Sehr geehrter Herr (Dr.) Nachname	Herr (Dr.) Name
Botschafterehepaar	Ihre Exzellenzen (oder I.I.E.E.)		
Konsul/in	Konsul/in von ... Herrn/Frau (Dr.) Vorname Nachname	Sehr geehrter Herr Konsul Sehr geehrte Frau Konsulin	Herr Konsul Frau Konsulin
Religion			
Papst	Seiner Heiligkeit Papst... Vatikanstadt	Eure Heiligkeit/ Heiliger Vater	Eure Heiligkeit/ Heiliger Vater
Kardinal	Seiner Eminenz Herrn Vorname Nachname Erzbischof von ... (bei Kardinälen fallen die akademischen Titel weg)	Eminenz/ Herr Kardinal	Eminenz/ Herr Kardinal
Pfarrer	Herrn Pfarrer (Dr.) Vorname Nachname	Sehr geehrter Herr Pfarrer/ Sehr geehrter Herr (Dr.) Name	Herr Pfarrer/ Herr (Dr.) Name
Wirtschaft			
Aufsichtsratvorsitzender	Herrn (Dr.) Vorname Nachname Vorsitzender des Aufsichtsrates der ...	Sehr geehrter Herr (Dr.) Name	Herr (Dr.) Name

Vorstands-vorsitzender	Herrn (Dr.) Vorname Nachname Vorsitzender des Vorstandes der ...	Sehr geehrter Herr (Dr.) Name	Herr (Dr.) Name
Generaldirektor	Herrn Generaldirektor (Dr.) Vorname Nachname	Sehr geehrter Herr Generaldirektor	Herr Generaldirektor Herr (Dr.) Name
Betriebsrats-vorsitzender	Herrn (Dr.) Vorname Nachname Betriebsrats-vorsitzender	Sehr geehrter Herr (Dr.) Name	Herr (Dr.) Name
Verbandspräsidenten	Präsident des ... Herr (Dr.) Vorname Nachname	Sehr geehrter Herr Präsident	Herr (Dr.) Name
Handelskammer-Präsident	Präsident der IHK (Ort) Herrn (Dr.) Vorname Nachname	Sehr geehrter Herr Präsident	Herr Präsident/ Herr (Dr.) Name
Hochschulen			
Dekan	Dekan der Fakultät ...der Universität (Ort) Herrn Professor (Dr.) Vorname Nachname	Sehr geehrter Herr Professor Sehr geehrte Frau Professorin Sehr geehrter Herr Professor Name Sehr geehrte Frau Professorin Name	Herr Professor Frau Professor Herr Professor Name Frau Professor Name
Adel			
Prinz	Herrn (Dr.) Vorname Prinz von/zu ...	Sehr geehrter (Dr.) Prinz von/zu ... Name	(Dr.) Prinz ...Name
Herzog	Herrn (Dr.) Vorname Herzog von/zu ...	Sehr geehrter (Dr.) Herzog von/zu ...Name	(Dr.) Herzog ...Name
Graf	Herrn (Dr.) Vorname Graf von/zu	Sehr geehrter (Dr.) ...Graf von/zu ...Name	(Dr.) Graf ...Name
Freifrau Ledig: Freiin	Frau (Dr.) Vorname Freifrau von/zu	Sehr geehrte Frau (Dr.) von ...Name	Frau (Dr.) von/zu ... Name

Glossar

Adelstitel

gehören zum Namen und müssen mitgenannt werden. Man sagt nicht „Herr Graf" oder „Herr Baron", sondern: „Guten Tag, Graf ...". Titel erst weglassen, wenn er erlassen wird.

Agenda

ist der rote Faden jeden Meetings. Sie beinhaltet wer, wann, warum, wie lange und zu welchen Themen zu einem Meeting geladen werden. Die Agenda sollte mindestens eine Woche vor der Veranstaltung versendet werden, so dass Teilnehmer Änderungen oder Vorschläge einbringen können.

Akademische Grade

sind ausschließlich die Titel 'Doktor' und 'Professor'. Es wird immer nur der höchste Titel genannt. Z.B „Guten Tag Herr Professor Lüdenscheidt" also nicht „Herr Professor Dr. Lüdenscheidt".

Amts- und Mandatsträger im Schriftverkehr

Wenn die Amtsbezeichnung einer Person bekannt ist, wird diese in der Brief-Anschrift auch eingesetzt. Die Aktualität der Funktion sollte aber beachtet werden.
„Herrn Dr. Holger Mann
Vorsitzender des Verbands der Metallindustrie"

Anhang einer E-Mail

Eine kurze Erklärung, was der Empfänger einer E-Mail im Anhang findet, sollte im Email-Text enthalten sein. Das spart Zeit für den Empfänger und erleichtert das Bearbeiten.

Anrufbeantworter

Der Ansagetext sollte persönlich aufgesprochen sein. Trifft man bei einem Anruf auf einem Anrufbeantworter, sollte auf diesem auch eine Nachricht hinterlassen werden. Hierzu gehören: Name, (Firma), Grund des Anrufs und Rufnummer unter der man erreicht werden kann.

Anschrift von Adligen

Adlige ohne Adelsbezeichnung werden mit: Herrn/Frau von Münchhausen angeschrieben.

Adlige mit Adelsbezeichnung werden wie folgt angeschrieben: Vorname, Adelsbezeichnung, Familienname: „Mathilde Gräfin von und zu Hohenadel"....

Anschriften bei Firmen

Das Wort Firma fällt heutzutage weg. Steht die Firma in der ersten Zeile, darf eine andere als die in der zweiten Zeile erwähnte Person das Schreiben öffnen. Steht eine Person vor dem Firmennamen, darf nur diese Person den Brief öffnen.

Anstandsrest

Im Gegensatz zur alten Regel, bei der es Pflicht war einen kleinen Rest auf dem Teller zu lassen, sehen die modernen Umgangsformen dies nicht mehr vor. Allerdings ist es auch weiterhin tabu, den letzten Soßenrest mit dem Brot aufzunehmen.

Aperitif

Vor dem Essen steht oft der Aperitif. Er dient dazu, den Gaumen anzuregen. Hierzu wird ein leicht alkoholisches Getränk gereicht. Typische Aperitife sind: Prosecco, Champagner, Cocktails, Sherry oder die antialkoholische Variante „frisch gepresster Orangensaft". Es kann auch ein Bier bestellt werden. Der Kenner bestellt dann aber anstatt des Aperitifs ein Bier.

Aschenbecher

ist ausschließlich den Rauchern vorbehalten. Essensreste, Gräten oder Olivenkerne gehören nicht hinein.

Aufstehen im Flugzeug

Weder beim Aufstehen noch beim Hinsetzen sollte man sich am Vordersitz festhalten. Man gleitet einfach auf den ersten Sitz und dann auf den zweiten. Geschickte Passagiere schaffen es durch Abstützen am eigenen Sitz sofort auf den Mittelplatz.

Ausreden lassen

gilt in Deutschland als eine der wichtigsten Benimmregeln. Keiner lässt sich gerne ins Wort fallen. Endlose Monologe können mit Zwischenfragen unterbrochen werden.

Barista

So wie ein Barkeeper weiß Cocktails zu mixen, so kennt sich ein Barista in Sachen Kaffee aus. Der Beruf des Barista ist in Italien schon seit Jahren bekannt. In Deutschland ist er mehr und mehr im Kommen. Neben den Espresso-Maschinen kennt sich ein Barista auch mit über 800 Kaffeearomen aus.

bcc

steht für „Blind Carbon Copy". Hier werden Personen eingetragen, die bei einer E-Mail auf Kopie gesetzt werden, aber den anderen Empfängern nicht sichtbar sind. Die Benutzung dieses Feldes ist umstritten, da dies als ein „Überwachungsmodul" missverstanden werden könnte.

Begrüßung am Tisch

Im Berufsleben gilt heute die Regel, dass alle Sitzenden aufstehen und die Personen begrüßen, die an den Tisch kommen. Auch Frauen stehen auf, um mit ihrem Gegenüber auf gleicher Augenhöhe zu sein. Sie brauchen so bei der Begrüßung nicht zu Ihrem Gegenüber aufzublicken.

Begrüßung

Grundsätzlich grüßt der zuerst, der einen Raum betritt. Dies gilt sowohl im Privatleben als auch im Geschäftsleben. Im Beruf grüßt der Rangniedere den Ranghöheren, wenn sie sich z.B. auf dem Flur begegnen.

Besprechungsprotokoll

Im Protokoll werden die Ergebnisse einer Besprechung festgehalten. Es erleichtert die Erfolgskontrolle und kann darüber hinaus wichtige Impulse für das nächste Meeting liefern. Es wird nach einer Besprechung geschrieben und an alle Teilnehmer versendet.

Bestecksprache

Es gibt eine internationale Bestecksprache, die es dem Kellner ermöglicht zu erkennen, wann man fertig gegessen hat. Dabei orientiert man sich an der Zeigerstellung einer Uhr. Besteck in Position: 20
nach 4 heißt: ich bin fertig. Position 20 nach 7 bedeutet: ich mache
eine Pause.

Betreff

Auf den manchmal noch üblichen Vermerk „Betr.:" kann in der modernen Korrespondenz verzichtet werden. Dies gilt aber nur für das
Wort „Betreff", eine Betreffzeile über dem Brief sollte immer noch
eingefügt werden.

Black tie

Dieser Dresscode bedeutet für den Herrn Smoking und für die Dame
Abendkleidung.

Blickkontakt

Schon zu Ritterszeiten wurden die Visiere hochgeklappt, um zu zeigen, dass man in friedlicher Absicht kommt. Blickkontakt ist auch
heute noch ein unverzichtbarer Bestandteil der Kommunikation. Im
Sommer sollte man deshalb die Sonnenbrillen absetzen, wenn man
jemanden begrüßt.

Blumenstrauss

Zum Blumenstrauss bei offiziellen Feiern gehört eine Karte mit einem
persönlichen Grußtext. Vor der Übergabe entfernt man die Papierverpackung – Klarsichtfolie darf mit übergeben werden. Der eingeladene Herr überreicht der Dame des Hauses den Strauss. Höfliche
Gastgeber stellen Schnittblumen sofort in eine Vase.

Bonner Sitzordnung

Neben der gängigen klassischen Sitzordnung, bei der sich Damen
und Herren abwechseln gibt es noch die „Bonner Sitzordnung". Die
Reihenfolge lautet hier: Dame – Dame, Herr – Herr, Dame – Dame.

Brogues

Schnürschuhe mit Lochmuster. Der Budapester ist eine spezielle
Variante des Brogue.

Brot
Brot ist die Beilage zur Vorspeise, sollte deshalb auch frühestens zum ersten Schluck Wein gegessen werden. Brot wird in mundgerechte Stücke gebrochen, mit Butter bestrichen und zum Mund geführt. Brot wird nicht zum Aufnehmen von Soße benutzt.

Brotteller
Der Teller links vom Gedeck ist der Brotteller.

Büfett
Beim Gang zum Büffet sollte die Menüreihenfolge eingehalten werden: Vorspeise, Suppe, Zwischengericht, Hauptspeise, Dessert oder Käse. Man mischt nie heiß und kalt, süß und salzig oder Fisch und Fleisch auf dem Teller. Der Teller wird nicht mehrfach benutzt.

Business Casual
Dieser Kleidervermerk bedeutet für Herren: Stoffhose, Sakko und Hemd ohne Krawatte. Für Frauen heißt dies: Rock, Bluse oder Twin Set, Hosenanzug aber auf jeden Fall noch mehr geschäftsbetont als die Herren.

Business Etikette
Ausschlaggebend für die geschäftlichen Umgangsformen sind – im Gegensatz zu den allgemeinen Umgangsformen - die Rangordnung und Position in einem Unternehmen.

Button–down–Kragen
Diese Kragenform hat Enden, die sich festknöpfen lassen.

Casual Friday
bezieht sich auf den Dress Code innerhalb einer Firma und besagt, dass Damen und Herren an Freitagen im Büro, solange sie keinen Kundenkontakt haben, das Geschäftsoutfit lockern können. Eine Stoffhose und Hemd ohne Krawatte für Herren und Hose mit Twin-Set für Frauen ist durchaus angemessen. Turnschuhe und ausgewaschene Jeans haben aber auch an diesem Tag nichts im Büro zu suchen.

cc:
steht für „Carbon Copy" und bedeutet „Durchschlag". In der E-Mail werden Personen die nicht direkt angesprochen werden, sondern nur in Kenntnis gesetzt werden sollen in dieses Feld der E-Mailleiste eingetragen.

Cyber Sprache
In der Internet-Sprache übliche Abkürzungen oder Schreibweisen haben in geschäftlichen E-Mails nichts zu suchen. Hierzu gehören z.B. folgende Abkürzungen: thx; fyi; btw; mfG.

Derby
Ein Grundmodell im Herrenschuhbereich bei dem die Seitenteile mit den Schnürsenkellöchern obenauf sind.

Digestif
Abgerundet wird ein Essen mit einem Digestif. Hierzu zählen hochprozentige Getränke wie Cognac, Whisky, Magenbitter oder Schnäpse. Sie helfen das Essen zu verdauen.

Diplomatie
Botschafter sind die hochrangigsten Vertreter ihrer Länder im Ausland und werden als Exzellenz angesprochen. Weitere Anreden sind z.B. Herr Botschafter, Herr Konsul oder auch Frau Gesandte.

Distanzen
Im Berufsleben sollten die Distanz von einer Armlänge zum Gegenüber einhalten werden. Der Schreibtisch des Kollegen ist keine Ablage für die eigene Tasche.

Doppelnamen
Menschen mit Doppelnamen möchten auch mit diesem angesprochen werden. Bei der Vorstellung muss der Doppelname in voller Länge ausgesprochen werden.

Drehtüren
werden vom Rangniederen so in Position gedreht, dass der Ranghöhere in das Drehtürabteil einsteigen kann.

Dressed for success

Wer seiner fachlichen Qualifikation mehr Ausdruck verleihen möchte, sollte auf sein optisches Erscheinungsbild achten. Auch das Erscheinungsbild der Mitarbeiter prägt das Image einer Firma. Menschen in klassischer Kleidung wirken nachweislich kompetenter und sicherer.

Duzen

Der Ranghöhere darf entscheiden, wem er wann das Du anbieten möchte. Zu beachten ist hier, dass ein „Du" abgelehnt werden darf. Für ein „Du" reicht ein einfacher Handschlag im Geschäftsleben.

Ehrengast

sitzt rechts vom Gastgeber. Bei längeren Tafeln kann er auch gegenüber des Gastgebers positioniert werden.

Einladung

Eine Einladung zu einer Veranstaltung, ob Geschäftsessen oder Firmenjubiläum, beinhaltet immer folgende Punkte: Wer, wann, wohin, zu welcher Veranstaltung und aus welchem Anlass einlädt.
So wie eine Einladung ausgesprochen wurde, wird sie auch angenommen oder abgelehnt! Das heißt, auf eine schriftliche Einladung sollte auch per Brief zu- oder abgesagt werden.

Einreiher

Sakko, bei dem die Vorderseite nur eine vertikal verlaufende Knopfreihe besitzt.

Ellenbogen

haben bei einem Essen nichts auf dem Tisch zu suchen. Die Hände dürfen bis zu den Handknochen auf dem Tisch abgelegt werden. Ellenbogen sollten den Tisch aber nie berühren.

E-Mail

Das schnelle Medium verlangt eine relativ schnelle Beantwortung von Sendungen. Spätestens am zweiten Tag nach Erhalt einer E-Mail sollte diese beantwortet werden oder zumindest ein Zwischenbericht erfolgen. E-Mails werden wie der herkömmliche Brief nach der deutschen Rechtschreibung gehandhabt. Also nicht ausschließlich in Kleinbuchstaben schreiben, nur um Zeit zu sparen. Eine Gliederung in Absätze macht das Lesen einer E-Mail leichter.

Emoticons :-o ;-) :-)

Im geschäftlichen E-Mail-Verkehr sollten Worte so eindeutig formuliert werden, dass keine Emoticons nötig sind. Die kleinen Symbole drücken in erster Linie Gefühle wie Lachen, Bedauern oder ein Augenzwinkern aus und sind nur im privaten Bereich angebracht.

Erster Eindruck

Fakt ist, dass sich Menschen innerhalb von ein bis acht Sekunden einen ersten Eindruck von anderen verschaffen und dieser entscheidend für die Chancen im Job sein kann.

Etikette

Der Begriff bezeichnet die allgemein gültigen Umgangsformen.

Fahrstuhl

Der Ranghöhere oder Gast betritt den Fahrstuhl als Erster und sollte ihn auch zuerst wieder verlassen. Ist der Fahrstuhl allerdings so klein, dass die Regel „first in, first out" nur erschwert anwendbar ist, lassen Sie die Regel fallen und gehen der Reihe nach aus dem Fahrstuhl.

Farben

Die klassischen Farben im Geschäftsleben sind Blau, Grau und Braun. Schwarz ist durch Branchen wie Design und Mode immer mehr in die Berufswelt vorgedrungen, gilt aber unter klassischen Gesichtspunkten als Farbe eines Anlasses.

Fingerfood

sind die Gerichte, die ohne Bedenken mit den Fingern gegessen werden dürfen. Allerdings nur, wenn Fingerschalen oder heiße Tücher bereit stehen.
Fingergerichte sind: Artischocken, Spareribs, Wachteln, Austern (sofern nicht überbacken), (Mies-)Muschel. Schalen- und Krustentiere, sofern nicht ausgelöst: Krabben, Garnelen, Langusten, Hummer.

Fingerschälchen

Auch Fingerbowle genannt, ist ein kleines mit Wasser gefülltes Schälchen zum Reinigen der Finger nach dem Essen von Fingerfood (z.B. Meeresfrüchte, Artischocken, usw). Dazu werden oft Zitronenscheiben gereicht. Diese faltet man leicht zusammen und reinigt damit die fettigen Finger. Anschließend werden die Finger im Schälchen abgespült und mit der Serviette getrocknet.

Fischbesteck
Das Fischbesteck besteht aus einer Fischgabel und einem Fischmesser. Diese unterscheiden sich in der Form vom anderen Besteck. Das Fischmesser besitzt keine scharfe Klinge, da Fisch in der Regel nicht geschnitten wird.

Flugzeug-Armlehne (economy class)
Die Person am Gang, bekommt die Sitzlehne, die zur Seite des Ganges ist. Dem Passagier in der Mitte sollten die Lehnen links und rechts zustehen, da er sich am wenigsten bewegen kann.

Flugzeug-Knigge
Eine Geste der Höflichkeit, auf die man niemals verzichten sollten, ist ein freundlicher Gruß an den Nachbarn.

Frühstücksbrötchen
Das Frühstücksbrötchen wird mit dem Messer aufgeschnitten und nach Geschmack belegt. Die beide Hälften dürfen aber nicht wieder zusammen geklappt werden, sondern werden getrennt gegessen. Frühstücksbrötchen mit Messer und Gabel zu essen, ist übertrieben.

Frühstücksei
Das Frühstücksei sollte nicht geköpft, sondern mit dem Eierlöffel aufgeklopft werden. Das Köpfen ist zwar inzwischen erlaubt, aber schöner ist die Version des Aufklopfens.

Gästekarte
In einigen Restaurants gibt es die so genannte „Gästekarte". Sie enthält keine Preise, so dass sich der Gast ohne schlechtes Gewissen das aussuchen kann, worauf er gerade Lust hat.

Gastgeberrolle
Der Gastgeber reserviert den Tisch, stellt eine Tischordnung zusammen, sucht den Wein aus und kostet ihn. Bringt einen Toast aus, gibt das Zeichen zum Anfang des Essens, hält eine Tischrede, bezahlt die Rechnung und hilft den Gästen mit der Logistik sicher und heil nach Hause zu kommen.

Gastgeschenke

Als Gastgeschenke bezeichnet man zum einen Geschenke, die Sie als Gast mitbringen, als auch Geschenke, die vom Gastgeber als Erinnerung an die Gäste übergeben werden. Bei der Auswahl des Geschenks sollte die Beziehung zum Beschenkten, die Position und die persönlichen Interessen berücksichtigt werden.

Geschäftsgäste

werden vom Empfang abgeholt und zum Besprechungsraum geführt. Einem Gast sollte der Aufenthalt in Ihrem Unternehmen so angenehm wie möglich gestaltet werden. Gäste werden nach Ende einer Besprechung zurück zum Eingang begleitet und dort vom Begleiter verabschiedet.

Gesprächsöffner

Ort, Umfeld und der Anlass, der Sie zur Veranstaltung führt, sind die besten Gesprächsöffner.

Gesprächsthemen

Geburtsort, Sportarten, Kunst, Film und Fernsehen, Literatur, Kultur, Kulinarisches sowie Möbel und Autos gelten als die perfekten Small Talk Themen, um das „kleine Gespräch" zu führen.

Getränke im Flugzeug

werden zuerst dem Passagier am Fenster gereicht. So müssen andere Bestellungen nicht über andere Getränke hinweg gereicht werden.

Gläser

werden immer am Stiel gehalten sofern Sie einen haben. So werden kältere Getränke wie Weißwein oder Champagner nicht warm, es entstehen keine Fingerspuren auf dem Glaskelch und beim Anstoßen im kleinen Kreis entfalten die Gläser den vollen Klang.

Grußformel am Telefon

Tagesgruß, Unternehmen, (Abteilung), Vornamen und Nachnamen.

Guten Appetit!

Wird nicht als Start zum Essen gesagt. Das Zeichen zum Start des Essens gibt der Gastgeber, in dem er zum Besteck greift, sobald alle am Tisch das Essen serviert bekommen haben.

Haifischkragen

Bei ihm sind die Kragenspitzen so abgeschnitten, dass ein weit aufgespreizter Kragen entsteht bei dem sich der Doppelte Windsorknoten anbietet.

Händedruck

ist der gefühlte erste Eindruck. Ein Händedruck demonstriert Vertrauen. Dauer: ein bis zwei Sekunden. Die Hand wird gereicht und nicht geschüttelt. Ein Händedruck sollte bestimmt sein. Nicht zu soft, aber auch nicht zu hart.

Handschlag

Der Ranghöhere entscheidet, ob er seinem Gegenüber die Hand reicht. Ein Angestellter sollte also darauf warten, dass ihm nach seiner verbalen Begrüßung die Hand vom Vorgesetzten entgegengestreckt wird.

Handschuhe

Gibt man im Winter einem Bekannten auf der Straße die Hand, zieht man den echten Handschuh aus, wenn der andere keine Handschuhe trägt. Tragen beide Handschuhe, kann man diese zum Handshake anbehalten.

Handyknigge

Die Erreichbarkeit überall zu jeder Zeit sollte in einigen Situation genau überdacht werden. Wo und wann stört man Menschen mit einem Klingeln? Klingeltöne möglichst dezent wählen und im Meeting auf Vibrationsalarm stellen, wenn man auf einen dringenden Anruf wartet. Unbedingt die Beteiligten der Besprechung von dieser Tatsache unterrichten. Nummern nicht verbergen. Dies wirkt im Geschäftsleben unseriös.

Herr Ober!

Wird nicht lauthals durch das Lokal gerufen. Eine weibliche Entsprechung für diese Anrede gibt es nicht. Entweder sollte man sich den Namen des Oberkellners merken oder noch besser über Blickkontakt mit ihm Kontakt aufnehmen. Gutes Personal beobachtet seine Gäste stets.

Kaffeelöffel

wird nach der Benutzung nicht abgeleckt, sondern nur auf dem Unterteller abgelegt.

Kaffeetasse

Eine Tasse reicht man zum Nachschenken immer mit dem Unterteller.

Kartoffelknödel

Kartoffelknödel werden mit der Gabel zerteilt und nicht mit dem Messer geschnitten.

Kaugummi

kauen kann niemand wirklich ästhetisch. Außerdem verhindert es eine deutliche Aussprache. Bei festlichen Anlässen ist Kaugummi kauen ein absolutes Tabu.

Kentkragen

Eine Kragenform, die annähernd ein gleichwinkliges Schenkeldreieck bildet.

Killerphasen am Telefon

Wie war der Name? Da haben Sie mich falsch verstanden. Da kann ich Ihnen auch nicht helfen. Worum geht's denn? Wenn ich Sie mal unterbrechen darf. Im Telefonat sollten keine Probleme geschaffen werden, sondern Lösungen angeboten werden.

Killerphrasen im Brief

Ein Verzicht von Belehrungen und Fachausdrücken in E-Mail und Brief ist für einen guten Umgangston im Schriftverkehr von Vorteil. Sogar Mahnungen können freundlich formuliert werden und erzielen so ihren Zweck.

Kirche

Exzellenz ist die korrekte Anrede für einen katholischen Bischof, die heute allerdings etwas veraltet ist, aber immer noch im offiziellen Schriftverkehr gebräuchlich ist. Weitere kirchliche Würdenträger sind Kardinale, die mit Eminenz angesprochen werden. Andere kirchliche Anreden sind z. B. Herr Pastor oder Herr Vikar. In der katholischen Kirche gibt es Priester, in der Evangelischen Pastoren.

Kleidervermerke

Auf Einladungen findet man oft Kleidungsvermerke (Dresscode). An diese sollten man sich halten, denn der Gastgeber hat die Veranstaltung in einem bestimmten Rahmen geplant. Siehe 'Black tie' und 'White tie'.

Korrespondenz

Da jeder schriftliche Kontakt „archiviert" werden kann, ist es besonders wichtig, aus jeder Art von „Postausgang" eine vorzeigbare Visitenkarte des Unternehmens zu machen. Kundenorientierte Korrespondenz sollte kurz, konkret und positiv sein.

Mahlzeit

ist eine Abkürzung für „Gesegnete Mahlzeit" und gehört nicht zu den Tagesgrüßen, sondern höchstens in die Kantine oder an den Mittagstisch. Auf ein „Mahlzeit" antworten man am besten mit „Danke". Mahlzeit ist kein Gruß und sollte nicht benutzt werden.

Messerbank

In seltenen Fällen ist rechts neben dem Teller eine kleine Messerbank zu finden, auf der das Messer statt auf dem Teller während des Essens abgelegt werden kann.

Moderator

hat die Aufgabe, den Prozess während der Besprechung zu fördern und nicht, ihn inhaltlich zu lösen. Läuft die Zeit in einer Besprechung davon, sollte der Moderator in den Ablauf eingreifen und das zeitintensivste Thema ausklammern und dafür ein neues Meeting ansetzten. Möglichst Zeit und Ort im Meeting fixieren.

Nachricht

ist eine Mitteilung über einen objektiven Sachverhalt. Dieser Sachverhalt sollte folgende Kriterien erfüllen: von allgemeinem Interesse sein; den Zeitgeist treffen; sachlich objektiv sein; verständlich ausgedrückt sein; nachprüfbar sein.

Namenschilder

zum Anstecken werden auf der rechten Seite getragen. Der Vorteil gegenüber der üblichen linken Seite liegt darin, dass der Gesprächspartner leichter und unauffälliger auf das Namenschild spicken kann.

Oxford

Ein unverziertes Grundmodell im Herrenschuhbereich bei den die Lederzunge von unten angesetzt wird und damit eine „geschlossene Schnürung" erzeugt wird.

Papierservietten

Auch Papierservietten finden (wie Stoffservietten) ihren Platz am Ende nicht auf dem Teller, sondern links neben dem Teller.

Pasta

Pasta wird nicht mit dem Messer geschnitten.

Placement (Sitzplan)

Der Sitzplan einer Sitzordnung wird meist im Bereich des Empfangs, auf jeden Fall aber vor dem Speisesaal aufgehängt. So kann jeder erkennen, an welchem Tisch und neben wem er sitzt. Hat man seine Tischdame auf diesem Plan entdeckt, kennt diese aber nicht, so lässt man sich diese vom Gastgeber vorstellen.

Platzteller

ist oft aus Metall oder farblich unterschiedlich zum normalen Teller. Vom Platzteller wird nicht gegessen. Auf ihm werden die Teller der jeweiligen Gänge abgestellt.

Presseinterview

Vor einem Interview sollte man ein Vorgespräch mit dem Journalisten vereinbaren. Am besten lässt man sich die Fragen im Vorfeld schicken, um diese in aller Ruhe vorzubereiten. Kurze Sätze von nicht mehr als zehn Worten sind von Vorteil.

Pressekonferenz

Zu einer Pressekonferenz sollte man als Einladender überpünktlich sein. Die Kleidung prägt das Image der Firma und sollte dementsprechend hochwertig sein. Als Einladender verlässt man die Pressekonferenz erst, wenn die Pressevertreter gegangen sind.

Professor

Für weibliche Professoren gelten beide Schreibweisen sowohl Frau Professor als auch Frau Professorin. Bei Titelhäufungen wird in der mündlichen Anrede nur der höchste Titel verwendet. Ein Titel darf erst nach Erlaubnis durch den Inhaber weggelassen werden.

Pünktlichkeit
Mit der Zeit anderer Menschen geht man sehr bewusst und vorsichtig um. Pünktlichkeit ist deshalb eine der obersten Höflichkeitsregeln in Job und Privatleben.

Rasierwasser
im Beruf sollte nur aus nächster Nähe riechbar sein, um nicht aufdringlich zu wirken.

Rauchen
während des Essens ist nicht gestattet. Die letzte Chance ist während des Aperitifs und dann erst wieder nach dem Dessert. Es sollte aber immer nachgefragt werden, ob es die Anwesenden stört, wenn geraucht wird. Dies gilt nicht nur für das Essen, sondern auch für alles anderen Situationen.

Rechnung
sollte der Gastgeber am besten entfernt vom Tisch begleichen. Der Gastgeber entschuldigt sich von seinen Gästen und kann an der Bar die einzelnen Posten der Rechnung prüfen und in aller Ruhe das Trinkgeld ausrechnen und hinzufügen.

Rednerreihenfolge
Man kann die Grußreden mit dem Ranghöchsten beginnen oder aber auch enden lassen, um eine Spannung aufzubauen. Die Reihenfolge der Redner sollte sich also an den individuellen Gegebenheiten orientieren.

Reklamationen
werden diskret und mit Würde vorgebracht. Seine Wut sollte man nicht nach dem Essen an dem Kellner auslassen, denn dann kann er den Fehler nicht mehr beheben. Sobald etwas zu beanstanden ist, wird die Servicekraft gerufen, damit diese Ersatz bringen kann.

Repräsentanten des Staates
werden mündlich und schriftlich mit ihrer Amtsbezeichnung angesprochen. Nach ihrer Amtszeit wird in der Briefanschrift hinter die Amtsbezeichnung ein „a.D." (außer Dienst) gehängt.

Restaurantwahl

Durch die Wahl des Restaurants sendet man seinem Kunden Signale von Status und Relevanz.

Salat

Salat wird nicht geschnitten, sondern gefaltet. Ausnahme: Chicoree.

Schuhe rahmengenäht

hochwertige Herstellungsart für Lederschuhe.

Schuhe

sollten stets gut gepflegt und geputzt sein. Schief getretene Absätze wirken ungepflegt und lassen Rückschlüsse auf den Träger zu.

Selbstvorstellung

Die Selbstvorstellung sollte positiv und sympathisch sein. Man nennt seinen Vor- und Nachnamen, möglichst mit dem Tagesgruß. Titel werden nicht genannt. Auch „Herr" oder" Frau" wird nicht zum Namen ergänzt. Ideal: „Schönen guten Tag, ich bin Vorname Name".

Serviette

Die Serviette findet man meistens auf dem Teller drapiert. Diese wird, entweder gleich auf den Schoß gelegt, spätestens aber bevor die Vorspeise serviert wird. Verlässt man den Tisch während des Essens, wird die Serviette locker zusammengelegt, links vom Teller platziert. Das gleiche gilt für das Ende des Essens.

Siezen

In Deutschland gilt für die Anrede von fremden Personen im Privatleben wie im Geschäftsleben das Sie. Es gibt heutzutage eine Mischform, die im Geschäftsleben eine gute Alternative zum Duzen ist. Personen werden mit dem Vornamen angesprochen aber trotzdem gesiezt: „Christina, können Sie mir bitte den Ordner geben?" dies ist nicht zu verwechseln mit „Frau Meier, kannst du mal...?"

Signatur

steht unter dem Text einer E-Mail und beinhaltet die Kontaktdaten des Absenders (Name, Firma, Anschrift, Telefon, Fax und E-Mail). Eine Signatur sollte unter eine E-Mail eingefügt werden, damit der Empfänger bei Nachfragen bequem auf die Daten zurückgreifen kann.

Sitzhaltung

Lässiges Zurücklehnen und übergeschlagene Beine sind keine korrekte Sitzhaltung in der Öffentlichkeit. Die beste Sitzhaltung ist mit beiden Beinen auf dem Boden und in einer aufrechten Position.

Sitzordnung

Für eine gute Sitzordnung bedarf es Fingerspitzengefühl und sie kann ausschlaggebend für das Gelingen des Abends sein. Die Sitzordnung ist dafür da, anregende Gespräche zu fördern. Grundsätzlich kann man sagen, je wichtiger der Gast, umso näher sitzt er beim Gastgeber.

Sitzreihen

Bitte mit dem Gesicht zum Sitzenden durch Sitzreihen gehen.

Small Talk

ist das kleine Gespräch mit meist fremden Personen. Der perfekte Small Talker stellt offene Fragen und hört aufmerksam zu. Gemeinsamkeiten wie Ort, Umfeld und Anlass sind die besten Einstiegsthemen.

Sommelier

wählt Getränke aller Art aus und beschafft sie. Bier, Spirituosen, Kaffee, Tee, Nonalcoholics und Zigarren gehören gleichermaßen zu seinem Repertoire. Er ist verantwortlich für die Logistik und Lagerhaltung. Der Sommelier spricht Getränkempfehlungen aus. Um den richtigen Wein zu empfehlen, führt er enge Absprache mit dem Koch über die Zutaten und Zubereitungsart der Speisen.

Sommeroutfit für Männer

Das Business-Hemd ist immer langärmelig. Ein kurzärmeliges Hemd gehört nicht zum Business Outfit. Das Sakko wird nicht ausgezogen, es sei denn der Ranghöhere schlägt es selber vor. Aber auch dann gilt es, nicht die Ärmel hochzukrempeln.

Suppe

wird entweder in einem Teller oder einer Suppentasse serviert. Der Suppenteller darf nicht angehoben werden, um den letzten Rest leichter essen zu können. Die Suppentasse dagegen darf ausgetrunken werden, indem die Tasse mit einer Hand an den Mund geführt wird.

Tabuthemen

Polarisierende Themen wie Religion und Politik haben im Small Talk nichts zu suchen. Weiterhin sind Themen wie Geld, Krankheit, partnerschaftliche Probleme und negative Themen weniger für einen Small Talk geeignet.

Tattoos

Das offene Zeigen von Tattoos ist in vielen Branchen nicht gerne gesehen. Persönliche Markenzeichen sollten verdeckt getragen werden.

Taxi

Der beste Platz im Taxi ist hinten rechts und wird dem Gast/Kunden überlassen. Nimmt man in Begleitung auf dem Beifahrersitz Platz, bedeutet dies, dass man die Rechnung übernehmen wird.

Telefongespräche verbinden

Wenn von einem zum anderen Apparat verbunden wird, wird der Anrufer nicht wortlos weggedrückt und verbunden. Ein paar Worte über das, was jetzt mit ihm in der Leitung passiert, sind angebracht. Dieses Verfahren gilt sowohl für das Weiterverbinden als auch für die Klärung eines Sachverhalts.

Telefonieren

ist Kommunikation ohne Körpersprache. Um den Spontaneindruck beim Gesprächspartner positiv zu beeinflussen, sollte man auf folgende Faktoren achten: klare Stimme, gemäßigtes Sprechtempo, Wortwahl, Freundlichkeit, Verbindlichkeit.

tip

ist der englische Ausdruck für Trinkgeld und steht für: „to improve promtness".

Tischdame

Die Dame, die rechts neben dem Herrn sitzt, bezeichnet man als Tischdame. Sie sollte die Aufmerksamkeit des Tischherrn haben. Er steht auf, wenn sie aufsteht und hilft ihr auch wieder beim Platz nehmen.

Tischherr

Der Herr, der links neben der Dame sitzt, wird als Tischherr bezeichnet. Dies sollte nicht der Partner der Dame sein. Der Tischherr hat die Aufgabe, seine Tischdame den Abend über zu unterhalten und auf ihr Wohl zu achten. Auf einem Ball gehört der erste Tanz seiner Tischdame.

Tischreden

Sind Tischreden vorgesehen, so sollte der Gastgeber als erstes nach der Vorspeise seine Rede halten. Wollen andere Personen Tischreden halten, sollte dies vorher mit dem Gastgeber oder Veranstalter abgestimmt werden. Tischreden und Toasts werden immer zwischen den Gängen gehalten.

Treppen

Der Rangniedere wird hinter dem Ranghöheren die Treppe besteigen. Im Privatleben gehen Männer hinter den Frauen die Treppe hinauf, um sie bei einem eventuellen Sturz auffangen zu können. Hinunter geht der Mann vor der Frau, um auch hier die Frau bei einem Sturz retten zu können.

Trinkgeld

macht in deutschen Restaurants fünf bis zehn Prozent des Rechnungsbetrages aus. Besitzer eines Restaurants bekommen kein Trinkgeld. Hier sollte ein Trinkgeld mit dem Kommentar „Für das Personal" verbunden sein.

Türen

werden dem Ranghöheren aufgehalten. Nur ein Ranghöherer kann entscheiden, ob er eine Mitarbeiterin vorgehen lassen möchte.

u.A.w.g.

Diese Abkürzung für „um Antwort wird gebeten" findet man auf Einladungen und wird meist mit einem Datum versehen. Spätestens bis zum genannten Datum sollte man auf gleichem Weg wie man die Einladung erhalten hat, an den Einladenden zu- oder absagen. Eine einmal gegebene Zusage sollte, außer in Notfällen, nicht mehr zurückgenommen werden.

Ungenießbares

Ungenießbares verlässt den Mund, wie es in ihn hineinkam: Gräten über die Gabel, die Steine der Kirschen, die man beim Dessert mit der Hand isst, über die Hand.

Vegetarierer

sollten sich kurz nach der Einladung zu einem Geschäftsessen als solche beim Einladenden outen. So vermeidet man, dass der Gastgeber in die Situation kommt z.B. ein Steakhaus aufzusuchen oder ein Menü zusammenzustellen, dass ein Vegetarier nur ungern isst.

Verabschiedung

geht vom Ranghöheren aus. Wenn Sie Gast sind, verabschieden Sie sich vom Gastgeber. Die Verabschiedung beinhaltet das gesprochene „Auf Wiedersehen" sowie den Handschlag zum Abschied.

Verlassen des Flugzeugs

Es geht der zuerst raus, der der Tür am nächsten ist. Das Flugzeug wird also bei Nutzung der vorderen Tür, von vorne nach hinten „entladen".

Visitenkarten

Immer durchlesen und dann erst wegstecken. Der Gast gibt seine Visitenkarte zu Beginn einer Besprechung als erstes. Es gilt als unhöflich eine Visitenkarte ungelesen wegzustecken.
In Gruppen erhält zuerst die oder der Ranghöchste die Visitenkarte. Ist eine Hierarchie nicht erkennbar, verteilen Sie die Visitenkarten der Reihe nach.

Vorstellung

Die wichtigste Person sollte als erste Informationen erhalten, wer wer ist. Also im Geschäftsleben der Ranghöherer, der Gast oder Kunde.

White tie

Dieser Dresscode bedeutet für den Herrn Frack und für die Dame ein Ballkleid.

Windsorkragen

Er ist dem Kentkragen so ähnlich, dass die Bezeichnungen oft ausgetauscht werden.

Zahnstocher

Auch wenn man es noch häufig beobachten kann, darf man den Zahnstocher nicht am Tisch benutzen, auch nicht hinter vorgehaltener Hand. Man zieht sich dafür auf die Toilette zurück.

Zeitung im Flugzeug

Zum Zeitung lesen im Flugzeug steht nur die Sitzbreite zur Verfügung, wenn der Platz daneben besetzt ist.

Zigarre

Wegen der starken Geruchsbildung, drückt man eine Zigarre nicht aus. Man lässt sie selbständig im Aschenbecher erlöschen.

Zum Wohl

Grundsätzlich wird nur mit Getränken wie Wein, Sekt oder Champagner angestoßen. Sollten Sie keinen Alkohol trinken, sind Sie aber nicht vom Anstoßen ausgenommen.

Zuprosten

Das formvollendete Zuprosten ist die Aufgabe des Gastgebers oder des Ranghöheren. Hierzu werden das Glas am Stil gehoben und alle Gäste angeschaut.

Zweireiher

Sakko, bei dem die Vorderseite zwei vertikal bzw. leicht trapezförmig verlaufende Knopfreihen hat.

Literaturverzeichnis

Bridges, John (1998): „How to be a Gentleman" A contemporary Guide to Common Courtesy. Rutledge Hill Press: Nashville

Graf Finck von Finckenstein, Theodor (1998): „protokollarischer Ratgeber" Hinweise für persönliche Anschriften und Anreden im öffentlichen Leben 3., neubearbeitete Auflage. Bundesanzeiger Verlag: Köln

Incze, Georg (1999): „Sicher Auftreten mit gutem Benehmen" Lebensart. Augustus Verlag: München

von Knigge, Adolph Freiherr (2001): Über den Umgang mit Menschen. Insel Verlag: Frankfurt am Main und Leipzig.

Moore, June Hines (1998): Rise above the competition with „The Etiquette Advantage". Rules for the Business Professional. Broadman & Holman Publishers: Nashville.

Ogrizek, Doré und Daninos, Pierre (1953): „Die bunte Welt" Welt-Knigge (Savoir-vivre). West-Ost-Verlag: Saarbrücken

Post, Peggy (1997): „Emily Post's Etiquette" The name to turn to for the way we live today 16th edition. HarperCollinsPublishers: New York

von Thurn und Taxis, Gloria; Borghese, Alessandra (2004): Unsere Umgangsformen. Die Welt der guten Sitten von A bis Z. Mosaik bei Goldmann: München.

Schäfer-Elmayer, Thomas (1992): Gutes Benehmen gefragt. (2. Auflage) Paul Zsolnay Verlag: Wien.

Zeitschriften

Janßen, Angelika (2004): „Erfolg – eine Frage des Stils". Lufthansa exclusive 08/2004. Gruner & Jahr Corporate Media GmbH: Hamburg

Stil & Etikette (2003-2004): Loseblatt-Zeitschrift. Verlag für die deutsche Wirtschaft AG, Bonn

Internet

Focus-online Distanzzonen: Kulturelle Unterschiede
http://focus.msn.de/hps/fol/article/article.htm?id=6942

Wer sich im Beruf durchsetzt, braucht Stimme
www.Stimme.at
http://www.stimme.at/aktuell/Studie_2-08-04-1.doc

Edi Finger
http://www.rudix.nwy.at/cordoba78/dasspiel.htm
Österreich – Deutschland 1978 (3:2)

Fischknigge / 2005
www.nordsee.at

Handhabung des Fischbestecks
http://www.treffpunkt-tisch.de

Just be man: Cohiba & Co.
http://www.justbeman.de/love_life/life/zigarre/

Danksagung

Wir bedanken uns bei der Fotografin Iris Bothe und dem Geschäftsführer des Schuhaus Keller in Ludwigshafen, Herrn Marcus Leist, für die freundliche Unterstützung bei den Bildmaterialen.

Autoren

Dirk Pfister

Dirk Pfister ist Inhaber des Seminar- und Beratungs-
unternehmens „treffsicher kleiden". Als Betriebswirt
(Personal-/Ausbildungswesen) und lizenzierter Image-
und Typberater gründete er 1998 dieses Unternehmen
für Persönlichkeiten aus der Wirtschaft und der Politik.
Er entwickelt passgenaue Garderobenkonzepte für
sicheres Auftreten, kompetente Erscheinung und Wohl-
gefühl seiner Klienten.
Mehr über den Autor unter www.treffsicher-kleiden.de

Anke Quittschau und Christina Tabernig

Die Autorinnen sind Gründer und Inhaber
der Agentur korrekt!, die Einzel-Coach-
ings und Seminare zum Thema „Business-
Etikette" zum Schwerpunkt hat. Tipps und
Tricks aus der langjährigen Praxis der
Autorinnen gestalten dieses Buch als Ratgeber für alle, die Fragen zu den modernen Umgangsformen im Job haben.

Christina Tabernig wuchs in internationalem adligem Familienumfeld auf,
studierte BWL und arbeitete viele Jahre bei Unternehmen wie McKinsey,
Commerce One und anderen Unternehmen der IT-Industrie.

Anke Quittschau war nach dem BWL-Studium seit 1991 in verschiedenen
Marketing- und Vertriebsfunktionen großer Konzerne der Automobil- und
Versicherungswirtschaft verantwortlich tätig.
Mehr über die Autorinnen unter www.korrekt.de